SCHÖNES ALTER LERNEN

Hayflick – Barriere und neurale Reserve

Gisela Pivonas

© 2018 Gisela Pivonas

Verlag & Druck: tredition GmbH, Hamburg

ISBN
Paperback   978-3-7469-7966-3
Hardcover   978-3-7469-7967-0
E-Book   978-3-7469-7968-7

Inhaltsverzeichnis

EINLEITUNG
(Erfahrungen als berufstätige Frau/ Suche nach einem Neustart)

Erfahrungen als berufstätige Frau

Als Berufstätige gehörte ich drei Berufsverbänden an. Eines Tages schrieb einer dieser Verbände, dass ich seit 35 Jahren Mitglied sei. Einer meiner größten Klienten rief mich an und riet, gegen diese Veröffentlichung sofort vorzugehen und sie dementieren zu lassen: sie sei geschäftsschädigend. So wurde mir individuell verdeutlicht, wie riskant es in unserer Gesellschaft sein kann, wenn man 35 Jahre Mitglied in einem akademisch geprägten Verein ist, dem viele erst mit 30 oder mehr Jahren beitreten. Schon die Assoziation eines potentiellen Alters von 65 ist gefährlich – selbst wenn man jünger aussieht und Sachkenntnis wie Erfahrung sich gerade einem Optimum nähern.

Mein Diplom in Psychologie hatte ich in den sechziger Jahren des vorigen Jahrhunderts erworben, in einer Zeit, in der in Deutschland weniger als 5 % der Frauen ein Studium abschlossen. Ich hatte eine Zeit lang geschwankt zwischen klinischer Psychologie, einer Karriere an der Universität und der Tätigkeit in einem Sozialforschungsinstitut. Ich hatte alle drei Lösungen ausprobiert und für mich die besten Perspektiven in der empirischen Sozialforschung gefunden. Ich hatte sechs Jahre lang sukzessive in mehreren Institutionen gearbeitet und dann gewusst, was mir gefiel und was ich anders machen wollte.

Nach der 1973 erfolgten Gründung eines Institutes für Sozial- und Wirtschaftsforschung arbeitete ich über 40 Jahre, zunehmend international, als Unternehmerin, Geschäftsführerin, Psychologin – die meiste Zeit mit etwa zehn fest angestellten Mitarbeitern. Mich faszinierte die Forschung ebenso wie die enge Zusammenarbeit mit Kollegen und langjährigen Auftraggebern, von denen einige Großunternehmen waren.

Als ich über 50 war, berichteten mir gleichaltrige Kollegen stolz, dass sie genug verdient hätten, um sich mit 55 zur Ruhe zu setzen. Dieses Ziel war für mich nicht reizvoll. Ich hatte von Axel Börsch-Supan gelesen, der die Sache volkswirtschaftlich betrachtet und erklärt hatte, unser Rentensystem sei nur aufrecht zu erhalten, wenn man mindestens doppelt so lange arbeite wie man Rente beziehen wolle. Diese Perspektive erschien mir vernünftig und in meinem Fall auch realisierbar.

Ich habe – nach dem oben erwähnten Anruf, der Unmöglichkeit, die 35jährige Mitgliedschaft zu dementieren und dem folgenden Verlust des Klienten („Bei uns hört man mit 65 auf") voll weitergearbeitet bis 75. Mir wurde immer stärker bewusst, wie sich in meinem beruflichen Umfeld

Zustimmung und Ablehnung, an die ich mich seit langem gewöhnt hatte, mit Missgunst und der Forderung mischten, dass ich mich altersgemäß zurückziehen solle. Ich begann, für mich zu präzisieren, dass tatsächlich Altes beendet werden muss, damit sich Neues entwickeln kann. Ich fand, beide Seiten hätten ein Recht, so zu denken: auch ich selbst.

Suche nach einem Neustart

Ich hatte Ziele und Aufgaben, die mir als junger Frau passend erschienen waren, jahrzehntelang verfolgt. Einen Lebensplan, den heute noch viele mit der Vorstellung „Rentenalter 65" abschließen, hatte ich um 10 Jahre verlängert – ohne Alternative für die darauffolgenden Dezennien. Mir fiel schließlich auf, wie viel Zeit ich schon – ohne erneute Zukunftsplanung – hatte vergehen lassen. Ich entdeckte andere, denen es ähnlich ging. Mein Mann artikulierte meine Unruhe: er fand, ich thematisiere ständig das Alter und wolle dabei von Null auf Hundert.

Ich suchte für meine Vorstellungen eine verbale Kurzform und kam auf ANNA oder OTTO. Als Palindrome von vorn und von hinten mit dem gleichen Resultat lesbar, drücken beide Namen   etwas von der Faszination für bestimmte Erkenntnisse der „Entwicklungspsychologie der Lebensspanne" (Brandstädter/ Lindenberger, 2007) aus. Dass es in jeder menschlichen Entwicklungsphase – Kindheit wie Alter – Talente und Fähigkeiten gibt, die zugrunde gehen, neben solchen, die neu entstehen. Sie helfen bei der assoziativen Verknüpfung von Anfang und Ende. Sie wirken als Ansporn, das Leben als einen Spannungsbogen zu begreifen, mit besonderen Eskalationen am Anfang und Ende, die einer verstärkten Gestaltung bedürfen.

Die Ergebnisse für Männer und Frauen ganz gleichzusetzen, wäre nicht ideal. Wie die folgenden Seiten verdeutlichen, ist die Situation für Männer und Frauen in Deutschland 2017 in vielen Bereichen unterschiedlich. Laut Statistik ist die Mehrheit der über 65jährigen (57,5 %) in Deutschland weiblich (DESTATIS, Zensus 9. Mai 2011, 6). Deshalb wollte ich ANNA – als Verkörperung der Mehrheit – zunächst verstärkt beachten.

Das war nicht möglich. Eine konsequente, genderspezifische Differenzierung für alle altersspezifischen Befunde erwies sich beim heutigen Stand als unmöglich. Medizin, Biologie oder Psychologie differenzieren ihre zunächst verallgemeinerten Befunde erst sukzessive, meist beschränkt auf ein Merkmal: entweder das Alter oder das Geschlecht. In vielen wissenschaftlichen Beiträgen, in denen über altersspezifische Befunde berichtet wird, fehlt eine Unterscheidung nach dem Geschlecht – oft wird in den Stichprobenbeschreibungen dieses Merkmal nur am Rande erwähnt.

Grundlagen und Perspektive

Ich habe mich jahrzehntelang mit Psychologie und Statistik beschäftigt. In vielen grossen, repräsentativen Untersuchungen, die ich durchgeführt habe, waren Alter, Geschlecht und Bildungsstand relevante Merkmale, die sich vor allem im Zusammenwirken als differenzierungsfähig erwiesen.

Bei meiner Suche nach entsprechend aufbereiteten Befunden der Altersforschung wurde ich nur selten fündig; oft waren wohl auch die zugrundeliegenden Stichproben zu klein.

Ich liess mich schliesslich auf eine Verallgemeinerung als vergröbernden Kompromiss ein, der doch schon viel mehr verspricht als ein totales Nicht-Wissen.

In diesem Sinne will ich versuchen, ein paar Daten über das, was die meisten von uns beim Altern erwartet, zusammenzutragen.

Wie können wir mit der Hilfsbedürftigkeit am Ende des Lebens ähnlich achtsam umgehen wie mit der am Anfang?

1. Verlängerte Lebenserwartung – zu kurze Lebenspläne

Die durchschnittliche Lebensdauer der Menschen nimmt seit einigen Jahrzehnten massiv zu. 2014 waren weltweit schon 8.1 % der Bevölkerung über 65 Jahre alt. Besonders hoch waren die vergleichbaren Prozentsätze in Japan (25,8 % der Bevölkerung über 65 Jahre alt), Italien (21,5 % über 65), Deutschland (21,3 % über 65) und Griechenland (20,0 % über 65).(Statistisches Bundesamt, Statistisches Jahrbuch 2015, 632/ 633)

Zwar gab es auch schon vor Jahrhunderten Methusalems, aber erst in jüngster Zeit nähert sich die Lebensdauer des Durchschnittsmenschen stufenweise dem seit langem konstanten, maximal erreichbaren Lebensalter von 120 – 125 Jahren.

1776 schrieb der Liederdichter Hölty (www.aphorismen.de, 2016):

> „Rosen auf den Weg gestreut
> Und des Harms vergessen!
> Eine kleine Spanne Zeit
> Ward uns zugemessen."

Er starb mit 28 Jahren.

Damals gab es ein Empfinden für die Kürze der eigenen Lebenszeit; gibt es heute ein Empfinden für das Quantum an Jahren, mit dem man im Durchschnitt zu rechnen hat?

Die objektiven Bedingungen werden in Deutschland seit 1871 in Periodensterbetafeln registriert. So wissen wir, dass die durchschnittliche Lebenserwartung hierzulande für einen 1875 geborenen Mann 35,6 Jahre betrug, für eine Frau 38,4 Jahre. Innerhalb von 100 Jahren (von 1910/11 bis 2010/11) hat sich diese Spanne für beide Geschlechter um mehr als 30 Jahre verlängert:

- Für die Männer von durchschnittlich 47,4 auf 77,7 Jahre
- Für die Frauen von durchschnittlich 50,7 auf 82,8 Jahre

Am 31.12.2014 war der deutsche Durchschnittsmann 42,9 Jahre alt und hatte noch 36 Jahre vor sich; die deutsche Durchschnittsfrau war 45,6 Jahre alt und konnte noch mit rund 38 Jahren rechnen.(DESTATIS, Zensus 2011)

Die statistischen Daten spiegeln das Sprichwort *Wer hat, dem wird gegeben.* Die Quantität derer, die zu einem bestimmten Jahrgang gehören, nimmt zwar jedes Jahr ab, aber gleichzeitig steigt die Lebenserwartung der Überlebenden.

Aufschlussreich ist die Häufung bestimmter Todesursachen in bestimmten Altersklassen:

- Ermordung: unter 30 Jahre, besonders aber unter 10

- Selbstmord: 10 – 50 Jahre, besonders 10 – 35 Jahre

- Ertrinken: unter 30 Jahre

- Herzinfarkt: 45 – 75 Jahre

- Krebs: 40 – 80 Jahre

- Stürze: unter 5/ über 85 Jahre

(Statistisches Bundesamt 2014, Fachserie 12, Reihe 4)

Hat man die jeweilige Lebensphase hinter sich gelassen, ohne von den genannten Todesursachen weggerafft worden zu sein, dann steigt die Wahrscheinlichkeit, dass man länger als andere leben wird.

Die Chance, dass ein Mensch das Alter von 90 Jahren überleben wird, hat sich innerhalb von 100 Jahren bei den deutschen Männern von 0,7 auf 16,4 % erhöht, bei den Frauen von 1,1 auf 29,9 %. (Statistisches Bundesamt, Statistisches Jahrbuch 2015, Sterbetafeln von 1910/11 und 2010/11, 38)

Die Perspektive verspricht nicht nur rosige Zeiten. Zwar haben wir heute mehr Zeit für Kindheit, Jugend, Aus- und

Weiterbildung – die entscheidende Veränderung betrifft aber die späten Jahre. Man kann auch sagen:

Wer länger lebt, ist länger alt.

Das hohe Alter ist aus verschiedenen Gründen nicht besonders verlockend. Vor rund 10 Jahren ergab eine Befragung, dass die meisten Deutschen – unabhängig von ihrem aktuellen Lebensalter – im Durchschnitt nur etwa 85 Jahre alt werden wollten (Lang/ Baltes/ Wagner, 2007, 268 – 273)

Die brutale Wahrheit:
Mindestens 30 % der Frauen werden länger leben als von ihnen selbst gewünscht.

2. Abwertung des Alters – die ungemütliche traditionelle Perspektive

Studiert man, wie von Eschbach-Szabo (2012) angeregt, den *Leipziger Wortschatz,* dann findet man in den Relationen des Wortes „alt" (2016) zu anderen Wörtern eine Fülle abwertender Termini.

Ein elektronisches Abfrageergebnis enthält (Reihenfolge und Auswahl durch Verf.) die Attribute:

Abgedroschen, abgegriffen, abgenutzt, abgestanden, abgetakelt, ausgedient, ausgeleiert, brüchig, gestrig, gewesen, klapprig, morsch, nutzlos, ranzig, runzelig, schäbig, schrottreif, senil, unbrauchbar, unerheblich, ungenießbar, uninteressant, unmodern, unwichtig, unzeitgemäß, veraltet, verbittert, verbraucht, verdorben, verfallen, verfault, verflossen, vergrämt, verkommen, verlebt, vormalig, wertlos, wurmstichig, zerfallen, zittrig.

Eschbach-Szabo (2012, 231) zitiert Dialektausdrücke (Olle, Ollsche) ebenso wie umgangssprachliche Wendungen (Gruftis, Tattergreise) aus Deutschland und zeigt im interkulturellen Vergleich, dass sich in Japan – dem Land mit dem höchsten Altenanteil – ähnlich abwertende Einstellungen finden. Sie beschreibt, dass eine Frau, die „von den engen Familienpflichten befreit, in die Welt der Hobbies und der Reisen ... hinausschreitet, und damit von innen nach außen in die Öffentlichkeit als Störfaktor drängt", in Japan zum „Bataillon der rücksichtslosen Tanten" gezählt werden kann (ebenda, 237).

Abwertungen beschränken sich nicht auf sprachliche Formulierungen. Die FAZ schreibt am 3.11.2015 unter der Überschrift „Für ältere Leute wird die Autoversicherung richtig teuer", dass deutsche Versicherungen für Senioren, die weiter am normalen Leben teilnehmen wollen, regelrechte Strafzölle entwickeln. Sie vergleicht die objektive Unfallhäufigkeit nach Alter (pro 10.000 gefahrene Kilometer) mit den jährlichen Versicherungsprämien in Euro. Sie legt dar, dass die Prämien im Alter von 30 – 60 Jahren gleich bleiben, danach aber massiv angehoben werden: bei 60jährigen um durchschnittlich 8 %, bei 85jährigen um durchschnittlich 103 %. Die Unfallhäufigkeit wird dabei nicht maßstabsgerecht abgebildet. Sie ist zwischen 60 und 75 Jahren zum Beispiel extrem gering, was unberücksichtigt bleibt, und steigt erst über 85 Jahre massiv an – was in gängigen Tarifen schon 5 – 10 Jahre früher vorweggenommen wird.

Inzwischen ist man sich der Abwertung alter Menschen allerdings stärker bewusst als noch vor Jahrzehnten. Ob die Deutsche Bahn einen günstigen Tarif heute noch – wie die Bundesbahn 1983 – als „Runzelrabatt" anpreisen würde, darf bezweifelt werden.

3. Tradierte Normen behindern die Entwicklung neuer Ziele

3.1 Das 85 Jahre- Paradigma

Die meisten Deutschen möchten, wie schon referiert (Lang / Baltes /Wagner 2007, 268-273), nicht mehr als 85 Jahre alt werden. Wenn das Alter mit Abwertungen,

Krankheit und negativen Erwartungen verbunden ist, möchte man davon eher nicht so viel haben.

Wie stark sich die allgemeine Lebenserwartung in den letzten Jahrzehnten verlängert hat, Ist noch nicht allgemein bekannt. Manche fühlen sich unbescheiden, wenn sie sich ein größeres Quantum Leben wünschen; ihnen erscheint es fast als Blasphemie, wenn jemand verkündet: „Ich gehe mal davon aus, dass ich 100 werde."

3.2 Pauschalierte Lebenspläne mit dem Endpunkt „Rentenalter"

Viele Menschen konzentrieren sich bei der Lebensplanung auf pauschalierte Ziele wie Beruf und Familie, vielleicht noch Hausbau und Reisen; dass es um die Gestaltung eines extrem langfristigen Prozesses geht, der besser gelingt, wenn man ihn gliedert und die Möglichkeiten mindestens in 10Jahres- Zeiträumen reflektiert, wird den meisten von uns nur in besonderen Situationen bewusst – oft, um dann wieder in Vergessenheit zu geraten.

Einen vergleichsweise deutlichen Einschnitt in der Lebensplanung der Mehrheit setzt der erwartete Rentenbeginn.

3.3 Vorstellungen vom Rentenbeginn

In den meisten europäischen Ländern ist der Beginn der gesetzlichen Rente heute noch zwischen 60 und 65 Jahren vorgesehen. Der tatsächliche Rentenbeginn liegt oft schon früher, zwischen 59 und 64 Jahren.

Durch die öffentliche Diskussion ist vielen bewusst, dass der Rentenbeginn zweischneidig erlebt werden kann: Er erfolgt vielleicht zu einem Zeitpunkt, der nicht optimal auf die individuellen Bedingungen abgestimmt werden kann und ist mit finanziellen Einschränkungen verbunden, die man sich so nicht ausgemalt hatte. Plötzlich steht ungewohnt viel Freizeit zur Verfügung, die zu nutzen man erst lernen muss.

Bei der Suche nach neuen Perspektiven könnte ein Kompendium praktisch sein, das Informationen zusammenfasst, die für die neu zu treffenden Entscheidungen nützlich sein könnten. Als Versuch, eine solche Übersicht bereitzustellen, sind die hier vorgelegten Seiten gedacht.

4. Was hat die Wissenschaft über den Prozeß des Alterns herausgefunden?

In den letzten 20 Jahren fand eine wachsende wissenschaftliche Auseinandersetzung mit dem Thema Alter statt, primär unter medizinischen, wirtschaftlichen, politischen und psychologischen Gesichtspunkten. Es wurden neue gerontologische Institutionen, Lehrstühle und Stiftungen gegründet. Die interdisziplinäre Zusammenarbeit nahm sprunghaft zu. Sammlungen und Symposien machten neue Gesichtspunkte einer breiteren Öffentlichkeit zugänglich. Prominente Beispiele sind:

- Staudinger/ Häfner (2008). Was ist Altern?

- Wettstein (2005 – 2009): Mythen und Fakten zum Alter

4.1 Differenzierung von Stufen beim Altern

Lange Zeit beschäftigte sich jede Wissenschaftsdisziplin separat, primär verlustorientiert und pauschal – ohne Präzisierung der jeweiligen Kohorten – mit dem Thema.

In der Biologie wurde das Altern als Prozess fortschreitenden, intrinsischen, körperlichen Abbaus betrachtet, der bereits mit der Geschlechtsreife beginnt. (Böhm/ Tesch-Römer/ Ziese, 2009, 8 – 15)

In der Soziologie wurden die negativen Effekte sozialer Ungleichheiten und die Einflüsse von gesellschaftlichen Grenzziehungen (z.b. des Übergangs in den Ruhestand) fokussiert.

In der Psychologie wurden wissenschaftliche Schwerpunkte bei der Erforschung von Entwicklungen in Kindheit und Jugend gesetzt, ehe sich eine differenziertere, multidimensionale Betrachtung durchzusetzen begann, die Ursula Staudinger und Ulman Lindenberger 2006 in der Aussage zusammenfassten, dass es in jedem Lebensalter zeitgleich Fähigkeiten gebe, die auf- und die abgebaut würden. Die individuellen Unterschiede im Altersverlauf rückten in den Fokus; die Veränderungsprozesse wurden mehr und mehr differenziert. Man schlüsselte die Intelligenzentwicklung auf in Mechanik und Pragmatik. Es wurde aufgefächert, dass das von neuronalen Prozessen abhängige Wahrnehmen und Denken (fluide Intelligenz) dem biologischen Abbau unterliege, während in der Pragmatik, bei den Erfahrungs- und Wissensbeständen (der kristallinen Intelligenz) Stabilität oder sogar Verbesserungen mit dem Alter möglich seien.

Die Medizin trug dazu bei, dass das Alter, das in der Gerontologie zunächst meist mit „ab 60/65 Jahre" definiert worden war, in Phasen zerlegt wurde. Aufgrund der Beobachtung, dass es mit 80 – 85 Jahren einen deutlichen Anstieg der Frequenz von physischen und psychischen

Krankheiten gibt, die sogenannte „Multimorbidität", kam es zur Umverteilung in „junge Alte" (60/65 – 80/85 Jahre, drittes Lebensalter) und „Hochaltrige" (ab 80/85 Jahre, viertes Lebensalter).

Als viertes Lebensalter definierte Paul Baltes die Lebensphase, in der 50 % eines Jahrgangs bereits gestorben sind. In den meisten europäischen Ländern liegt diese Grenze heute bei etwa 82 Jahren.

In Deutschland wurde die Differenzierung mehrerer Stadien im Alterungsprozess durch die interdisziplinäre *Berliner Altersstudie* gestützt. In dieser größer angelegten Berliner Stichprobe (zunächst 516, später 2200 Fälle) wurde deutlich erkennbar, dass sich körperliche, psychische und kognitive Einbußen bei den über 85jährigen häufen.

4.2 Körperliche Veränderungen

4.2.1. Körpergröße und Körpermaße

Nicht nur die Lebenserwartung der Deutschen hat sich verlängert: auch die durchschnittlichen Körpermaße sind nicht gleich geblieben.

Das deutsche Institut für Normung (DIN) erfasst 56 Körpermaße. Für jedes Maß werden die ermittelten Werte in Perzentilen differenziert. Zum Normbereich gehören die Messwerte von 90 % der Bevölkerung; die untersten und obersten 5 % fallen aus der Norm.

Nur für Sicherheitsnormen ist das Spektrum breiter: sie müssen für 99 % der Bevölkerung passen.

Ende 2005 erschien die neueste deutsche Körpermaßnorm (DIN 33402, zitiert nach TUEV Media Info 2005, 9). Sie zeigte:

- 90 % der deutschen Männer waren zwischen 1,65 und 1,855 m groß
- 90 % der deutschen Frauen waren zwischen 1,535 und 1,72 m groß

Türhöhen, Schreibtische, Fahrradhelme werden auf die ermittelten Normen abgestimmt. Allerdings spielt hier inzwischen auch die EU eine Rolle: sie erreichte eine Festlegung der Norm für die Schreibtischhöhe auf 72 cm, während sie zuvor in Deutschland bei 76 cm gelegen hatte.

Die Veränderung erfolgte aus Rücksicht auf die in Europa gemessenen unterschiedlichen Körpergrößen. Während der deutsche Durchschnittsmann 1.77 m, die deutsche Durchschnittsfrau 1.65 m groß ist, kommen ihre portugiesischen Pendants nur auf 1.698 bzw. 1.599 m. Im Durchschnitt größer als die Deutschen sind die Niederländer (1.817 m/ männlich, 1.668 m/ weiblich).

An lebenden Menschen gemessene Daten gibt es seit dem späten 19. Jahrhundert. Für die Jahrtausende davor können nur Knochendaten aus Ausgrabungen zugrunde gelegt werden. Sie zeigen, dass sich die Körpergrößen von Männern und Frauen nur sehr langsam verändert haben. In 7000 Jahren hat die Körperlänge nur um knapp 15 cm zugenommen, wobei die stärksten Veränderungen in den letzten 100 Jahren auftraten.

Als Gründe für das Höhenwachstum werden die größere Verbreitung von *Geld und Wissen,* gute hygienische Bedingungen und eine gute Ernährung in der Kindheit angenommen.

Wenn ein so hoher Lebensstandard erreicht ist wie in Deutschland heute, bedeutet dies, dass die Kinder kaum mehr größer werden als ihre Eltern. Nur beim Aufstieg aus einer niedrigeren sozialen Schicht in eine höhere wachsen die Kinder ihren Eltern noch sichtbar über den Kopf.

Ganz anders in Ländern, in denen der durchschnittliche Lebensstandard niedrig ist. So formulierte zum Beispiel die thailändische Militärjunta (FAZ, 18.07.15, nach einer laut FAZ überprüften dpa-Meldung) das Ziel, dass die

Größe des durchschnittlichen thailändischen Mannes innerhalb von 10 Jahren von heute 1.67 m auf 1.75 m, die der thailändischen Frau von 1.57 auf 1.65 m steigen solle. Der durchschnittliche Intelligenzquotient solle gleichzeitig von heute 90 auf 100 angehoben werden. Bewerkstelligt werden solle das – nach den Richtlinien des thailändischen Gesundheitsministeriums – u.a. mit besseren Mahlzeiten in Schulkantinen und mit Werbekampagnen für einen gesünderen Lebensstil.

Hier wurde die Regel, die der Münchner Anthropometrie-Experte und ehemalige Wirtschaftsgeschichte-Professor John Komlos (zitiert nach Schmundt, 2002) als *Armut macht klein* formulierte, für eine politische Zielvorgabe genutzt.

Nach den umfassenderen Erhebungen von Körpermaßen in „Size UK" und „Size USA" erfolgten in Deutschland 2009 unter „Size Germany" vergleichbare Körpermessungen.

Die große Fallzahl erlaubt dabei Beobachtungen der mit dem Alter verbundenen durchschnittlichen Veränderungen. Im Querschnitt werden diese im Alter über 70 Jahren besonders auffällig.

Für den - aufgrund des Interesses der Textilindustrie häufiger und gründlicher vermessenen – weiblichen Körper im

Alterungsprozess (und besonders im Alter über 70) hatte man schon zuvor in der Bekleidungstechnischen Schriftenreihe(Kirchdörfer/ Mahr –Ehrhardt, 2oo3, 291) lesen können:

- Die Körperhöhe nimmt ab (im Einzelfall kann die Reduktion bis zu 10 cm betragen, aufgrund der Abnahme der Bandscheibendicke und des Zusammen-bruchs von Wirbelkörpern, hauptsächlich im Bereich der Brustwirbelsäule)

- Der Brustumfang wird größer (u.a. Körperfett an den Seiten und auf dem Rücken)

- Der Taillenumfang wird größer

- Der Hüftumfang wird geringer

- Der Oberschenkelumfang wird geringer (weniger Muskelmasse)

- Die vordere Länge verringert sich (Abstand Brust-Taille verringert)

- Die Haltung wird geneigter, die Gesäßform flacher

- Die Taillenlinie wandert nach oben

- Die Einbuchtung der Wirbelsäule im Rücken wird immer flacher

- Die Bauchausprägung nimmt zu.

4.2.2 Das Hayflick-Limit

Neben den von außen erkennbaren, körperlichen Veränderungen sind viele andere Phänomene genauer untersucht und beschrieben worden. Es ist bekannt, dass der gesamte Organismus von altersbedingten Veränderungen betroffen ist.

Drei Hauptklassen von Biomolekülen (Lipide, Proteine, Nukleinsäuren) gelten als nachgewiesenermaßen besonders angreifbar für eine chemische Modifikation durch Oxidation. Unkontrollierte Oxidationen tragen zur Fehlfunktion einzelner Zellen bei.

Das *Hayflick-Limit* wird inzwischen allgemein anerkannt: unsere Zellen haben eine begrenzte Teilungskapazität, die mit 40 bis 50 mal veranschlagt wird. Sobald es keine Mitosen (Zellteilungen) mehr gibt, kommt es zur replikativen Seneszenz. Das Ergebnis der zuvor mit immer größerer Frequenz aufgetretenen, fehlerhaften Zellteilungen ist die heute so häufig im Alter über 85 beobachtete Multimorbidität (Behl/ Moosmann, 2008, 9-31).

4.2.3 Bedeutung der Stammzellen

Bei den Medizinern gilt die Alterung als „komplexer Vor-
gang, an dem jede Zelle und jedes Organ beteiligt ist" (Ho/
Wagner/ Eckstein, 2008, 33-46). Wie weit ein Körper sich
regenerieren kann, ist von den Stammzellen abhängig.
Seit 2000 weiß man, dass es Stammzellen auch in Gehirn,
Herz und Leber gibt – nicht nur im Blut (hauptsächlich im
Knochenmark), wo sie für die lebenslange Erneuerung
des Blutes und ein intaktes Immunsystem sorgen.

Schon heute können durch Stammzellentransplantation
bestimmte Leukämieformen bekämpft werden. Auch die
Blutstammzellen altern und entwickeln dann Defekte.
Deshalb werden für Transplantationen keine Stammzellen
von über 55jährigen verwendet. Erwiesen ist die Abnahme
der Reparaturfähigkeit der sogenannten adulten Stammzellen über die Jahre hinweg; ob auch für sie das Hayflick-
Limit gilt, ist noch nicht klar.

Auf die Stammzellenforschung werden heute große Erwartungen gesetzt: manche betrachten adulte Stammzellen als potentiellen Jungbrunnen und erhoffen sich viele
innovative Therapiemöglichkeiten. Besonders ermutigend
wirkte die Entdeckung, dass auch im erwachsenen Gehirn
lebenslang neue Nervenzellen gebildet werden. Heute
weiß man allerdings, dass dies nur für zwei kleinere Hirn-

regionen (Hippocampus und Riechkolben) gilt (Kempermann, 2008, 47-56).

Anscheinend kann körperliche Aktivität die adulte Neurogenese steigern; danach bedarf es aber konkreter Lernan-
reize, damit die neuen Nervenzellen genutzt und ins
Netzwerk integriert werden. Verlockend ist die neu ent-
standene Vorstellung einer

neuralen Reserve:

die Idee, dass man durch lebenslanges Training im Sinne
einer breit angelegten Aktivität ein Guthaben an Plastizität
im Gehirn aufzubauen vermöge, von dem man dann zeh-
ren könne, wenn altersbedingte Defizite zu kompensieren
sind. (Kempermann, 2008, 53)

Wie lange und wie gut Fehler, die bei der Zellteilung zu-
standekommen, repariert werden können, ist anscheinend
auch von der Lebensweise abhängig.

Alkohol- und Nikotinmissbrauch, Übergewicht und Bewe-
gungsmangel können den Prozess stören, körperliche und
geistige Aktivität ebenso wie Nahrungsreduktion dagegen
eine positive Wirkung haben. Es sei aber unausweichlich,
dass die Schwächung der Reparaturmechanismen im Al-
tersprozess zu DNA-Schäden führe. Als charakteristisch
werden die Störungen der Proteinfaltung bei neurodege-

nerativen Erkrankungen betrachtet (z.B. Huntington/ Zell-
kerne, Parkinson/ Zytosol und Alzheimer/ Extrazelluläre
Ablagerungen). (Dichgans, 2008, 59)

4.2.4 „Normale" körperliche Veränderungen beim Altern

In welch zahlreichen Bereichen körperliche Veränderungen im Alter zu erwarten sind, wird in vereinfachenden
Darstellungen für Fachärzte im Netz z.b. für 15 Merk-
malsdimensionen beschrieben.
(www.internisten-im-netz.de, 2010):

- Augen (schlechtere Anpassung an kurze Entfernungen
  und veränderte Lichtbedingungen)

- Gehör (vor allem hohe Töne schlechter; störende Ge-
  räusche wie Tinnitus)

- Geruch, Geschmack, Durst (verringerte Empfindungen)

- Gehirn (Abnahme von Gehirnzellen und Verbindungen
  der Nervenzellen; Abnahme von Acetylcholin und Mye-
  lin. Ehemals unbewusste Prozesse wie Gehen müssen
  von höheren Regionen im Gehirn übernommen werden;
  dadurch verminderte Verarbeitbarkeit gleichzeitiger Reize)
  Aber: Gehirn bis ins Alter trainierbar; wichtige Voraussetzungen: Keine Unterfunktion der Schilddrüse oder
  mangelnde Durchblutung des Gehirns

- Haut (dünner, trockener, weniger dehnbar, weniger Unterhautfettgewebe)

- Knochen (Abbau, vor allem bei Vitamin D-Mangel)

- Knorpel (Schrumpfen durch Wasserverlust, dadurch eingeschränkte Beweglichkeit, Schmerzen an Wirbeln, Knien, Hüften; durch Über- und Fehlbelastung eventuell Arthrose)

- Bindegewebe (verringerte Elastizität, auch für Blutgefäße. Dadurch Erhöhung des systolischen/ oberen Blutdrucks, bei Senkung des unteren/ diastolischen Wertes; Gefahr von Herzinfarkt/ Schlaganfall)

- Muskulatur (langsamerer Aufbau, mehr Fetteinlagerung; aber: trainierbar)

- Herz und Kreislauf (Herzmuskel von Muskelfaserabbau betroffen, Muskelfasern durch Bindegewebe ersetzt. Erhöhter Blutdruck, Herzrhythmusstörungen, Atemnot mögliche Anzeichen. Blutdruckerhöhend außerdem Ablagerungen in den Blutgefäßen (Arteriosklerose). Gefahr von Herzinfarkt und Schlaganfall.

- Nieren und Blase (Nieren weniger funktionsfähig; Beckenboden, Blasen- und Afterschließmuskel weniger elastisch. Gefahr von Inkontinenz. Bei Männern Gefahr von Prostatakrebs)

- Hormone (Testosteron, Östrogene nehmen ab, Insulin und Gonadotropin verstärkt gebildet. Schilddrüse bildet weniger Hormone)

- Immunsystem (weniger Abwehrzellen und Antikörper, empfindlichere Reaktion auf Krankheitserreger)

- Darm und Verdauung (weniger Hormone und Verdauungssekrete, eventuell verminderte Insulin-produktion (Typ 2 Diabetes), Geschwüre, Verstopfung, chronische Darmentzündungen, Darmverschlüsse im Alter häufiger)

- Körperzusammensetzung (Wasseranteil, Muskelmasse verringert, Körperfett verstärkt)

Während die angeborene Immunabwehr länger erhalten bleibt, nimmt die adaptive Immunabwehr, die im Laufe der Kindheit und Jugend langsam aufgebaut wurde, mit dem Alter signifikant ab. Resultat ist ein für alte Menschen charakteristischer, konstanter Entzündungszustand, der die Bekämpfung von Arteriosklerose und Alzheimer behindert. Die Fähigkeit des adaptiven Immunsystems, körpereigenes und körperfremdes Material zu unterscheiden, nimmt ab. Autoimmunerkrankungen setzen sich stärker durch, z.b. rheumatoide Arthritis, multiple Sklerose, autoimmune Blut- und Leberkrankheiten (Wick, 2009, 61 – 65).

Das Alter ist, wie Björn Falkenburger zusammenfasst, der wichtigste Risikofaktor für neurodegenerative Erkrankungen wie Demenzen oder Parkinson (Falkenburger, 2009, 67). Bei im Alter abnehmendem Hirnvolumen kommt es vor allem zur Abnahme der Neuronenfortsätze. Die kleinsten Fortsätze, die sogenannten „spines", sind aber, wie wir heute aus der Hirnforschung wissen, morphologische Korrelate des Gedächtnisses. Ihre Abnahme trägt zu kognitiven Defiziten bei.

Einen großen Einfluss hat das dopaminerge System. Die Dopaminausschüttung an den Basalganglien ist z.b. an der menschlichen Bewegungsregulation beteiligt: sie kann eine Verarmung oder ein Übermaß inadäquater Bewegungen zur Folge haben. Die Dopaminausschüttung in anderen Hirnregionen (z.b. im präfrontalen Cortex, im Nucleus Accumbus oder im Limbischen System) beeinflusst das Kurzzeit-(Arbeits-)Gedächtnis, den Antrieb und die Selbstregulation.

Wenn bei zunehmendem Alter die Reparaturmechanismen schwächer werden, gilt das auch für die dopaminergen Neurone: so kann es zum Auftreten neurodegenerativer Erkrankungen kommen.

Kognitive Veränderungen im Alter sind nach heutigem Kenntnisstand, wie Falkenburger hervorhebt, meist nicht durch den Verlust von Nervenzellen, sondern durch den Verlust von Nervenzellfortsätzen und deren Verbindungen bedingt. Der zunehmenden Dekompensation und dem labileren Gleichgewicht könne nur entgegengewirkt werden, *wenn man sich definitiv vom Bild des Alters als einer Zeit der Ruhe verabschiede.* Neben der Vermeidung von Risikofaktoren seien geistige und körperliche Aktivität für ein gesundes Alter unentbehrlich. Aktiv müsse an der eigenen Leistungs- und Partizipationsfähigkeit gearbeitet werden.

4.3 Verhalten: kognitive und emotionale Veränderungen, Veränderungen der Persönlichkeit und der sozialen Beziehungen

Vor 60 Jahren beschäftigte man sich als Psychologiestudent im Fach Entwicklungspsychologie mit Kindheit und Jugend, allenfalls noch dem Reifungsprozess bis zur „Generativität", der Weitergabe an die nächste Generation. Das höhere Lebensalter zählte nicht mehr zur menschlichen „Entwicklung".

Heute sprechen die Fachleute, wie schon erwähnt, im Zusammenhang mit der „Psychologie der Lebensspanne" darüber, dass Reifung, Lernen und Seneszenz in allen Lebensphasen auftreten – nicht nur bei alten Menschen, sondern auch schon bei Kleinkindern, die einzelne, zuvor bestehende Fähigkeiten verlieren, während sie sich Neues aneignen.

Wie Lindenberger (2008, 71) ausführt, bestimmen die physikalische und kulturelle Umwelt ebenso wie das Gehirn die Verhaltensentwicklung, aber durch Verhalten können Individuen auch auf ihre Umwelt wie auf ihr Gehirn Einfluss nehmen:

„... Umwelt/ Verhalten/ Gehirn sind gekoppelt, nicht aufeinander reduzierbar und bestimmen durch rekursive Selbstregulation die Entwicklung der Person."

Er zitiert den großen Vorgänger in der Altersforschung, Paul Baltes, mit seiner Formulierung des

„bio-kulturellen Ko-Konstruktivismus".

Baltes drückte damit komprimiert aus, dass der Entwicklungsverlauf eines Menschen aufgrund der lange Zeit bestehenden kognitiven Plastizität durch Lernen verändert werden kann.

Kognitive Fähigkeiten altern nicht einheitlich. Wenn Wissensbestände zu kognitiven Leistungen beitragen, können Personen mit zunehmendem Alter nicht nur die eigene Leistungsbilanz verbessern, sondern auch Jüngere übertreffen.

Untersuchungen zeigen weiter, dass die „Aktive Teilnahme am sozialen Leben ... den altersbedingten Rückgang kognitiver Leistungen im Normalbereich abzuschwächen vermag. Zugleich gibt es Hinweise darauf, dass soziale

Teilhabe auch das Auftreten von Demenz hinauszögern kann." (zitiert nach Lindenberger, 2008, 75)

4.3.1 Der Zusammenhang von kognitiven Veränderungen und Sensomotorik

Inzwischen weiß die wissenschaftliche Psychologie, dass Kognition im Alter nicht ohne gleichzeitige Beachtung der Sensomotorik beobachtet und analysiert werden sollte. Sensomotorische Leistungen erfordern im Alter viel mehr Aufmerksamkeit als in der Jugend; sie können ablenken und kognitive Minderleistungen zur Folge haben.

Ein Beispiel: Das Überqueren einer belebten Straße. Die abnehmende Leistungsfähigkeit der Augen (Sehschärfe, Kontrastwahrnehmung, Begrenzung des Sehfeldes, Blendempfindlichkeit) macht dies – in Verbindung mit der verminderten, unbewusst-selbstverständlichen Steuerung des Gehens (Gleichgewichtskontrolle) und der von anderen Verkehrsteilnehmern beanspruchten Aufmerksamkeit – für einen 85jährigen ungleich schwieriger als für einen 20jährigen. „Körper (ist) mit fortschreitendem Alter immer mehr auf „Geist" angewiesen, dessen relevante Aspekte selbst wiederum von der Alterung betroffen sind." (Lindenberger, 2008, 76)

Kontrollierte Aufmerksamkeit, wie sie für das Wahrnehmen, Denken und Handeln notwendig ist, erfordert ein
gutes Arbeitsgedächtnis. Aber genau da gibt es im Alter
Leistungseinbußen. Das „binding", die assoziative Verbindung von Ort, Zeit und Inhalt eines Ereignisses, funktio-
niert nicht mehr so zuverlässig wie bei Kindern und jungen
Menschen. Dies gilt umso mehr, wenn der Inhalt neu oder
sehr komplex ist und im Widerspruch zum Gewohnten
steht.

Hörbeeinträchtigungen kommen laut WHO schon bei 20 %
der 40 - 50jährigen vor; von den 70 - 80jährigen sind 75 %
betroffen. Auch diese Einbußen sind laut Lindenberger als
Wechselwirkung von sensorischen Veränderungen (Verlust von Haarzellen im Innenohr) und kognitiven Veränderungen (nachlassendes Arbeitsgedächtnis) zu verstehen.

4.3.2 Persönlichkeitseinflüsse

Für das Altern der Persönlichkeit gelten aus der heutigen, verhaltenswissenschaftlichen Sicht (Staudinger, 2008, 83/84) drei Annahmen:

1. Zu jedem Zeitpunkt der Entwicklung gibt es Gewinne und Verluste

2. Neben primär biologischen Prozessen der Reifung und der Seneszenz sind Lernen und die persönliche Handlungsentscheidung zwei weitere wichtige Aspekte; dabei ist zu unterscheiden zwischen der Lebensmechanik (biologisch fundierten Mustern von Wahrnehmung, Informationsverarbeitung, emotionalem Erleben; motivationalen Grundtendenzen) und der Lebenspragmatik (der Erfahrung einer Person mit sich selbst und der Welt, dem Selbstkonzept, der beruflichen Expertise; Persönlichkeitsmerkmalen)

3. Entwicklung/ Altern ist das Ergebnis einer kontinuierlichen Interaktion zwischen Biologie, Kultur und Person – einem Prozess, der nicht determiniert ist, sondern durch ein hohes Maß von Plastizität beeinflusst wird"

4.3.3 Intelligenz, Selbstkonzept, Selbstkontrolle

Während das in kristalliner Intelligenz gespeicherte Kulturwissen bis ins hohe Alter erhalten bleiben kann, ist die fluide Intelligenz, die der Informationsverarbeitung zugrunde liegt, stark altersabhängig. Der Höhepunkt der fluiden intellektuellen Leistungsfähigkeit liegt heute im 5. Lebensjahrzehnt. Die Wahrnehmungsgeschwindigkeit nimmt schon früher ab; Einbußen beim induktiven Denken, bei verbalen Fähigkeiten und dem verbalen Gedächtnis sind ab dem 65. Lebensjahr feststellbar. Allerdings sind kognitive Abbauerscheinungen in besonders hohem Maße individuellen Unterschieden unterworfen (Hasselhorn, Titz, Behrendt 2009, 105 – 118)

Alterseffekte seien am besten bei komplexen Aufgabenstellungen und entsprechend hohen Anforderungen an die zur Verarbeitung erforderlichen Ressourcen zu beobachten, meinen die Autoren und beschreiben drei Arten von Basismechanismen, die sich als altersabhängig erwiesen haben:

- Verarbeitungsgeschwindigkeit

- Task Switching (Fähigkeit, verschiedene Aufgaben aufrecht zu erhalten und zwischen diesen umzuschalten)

- Fokus Switching (Fähigkeit, die Aufmerksamkeit im Arbeitsgedächtnis von einem Schwerpunkt auf den anderen zu lenken) (ebenda, Seite 108)

Das Selbstkonzept unterliegt ebenfalls altersbezogenen
Veränderungen: die

Selbstwirksamkeitserwartungen
(Einschätzung der eigenen Möglichkeiten, bestimmte Aufgaben in einem bestimmten Bereich bewälti-
gen zu können)

werden durch die zurückliegenden Lebenserfahrungen mit
beeinflusst. Daneben können sich soziale Stereotype
auswirken (Alte sind schwach und hilflos), ebenso wie
Veränderungen der sozialen Umwelt (Verlust von Arbeit,
sozialen Kontakten). Von Bedeutung sind außerdem
Ausmaß und Intensität der fortbestehenden eigenen Aktivität. Erhöhte Selbstwirksamkeitserwartungen korrelieren
mit besseren Gedächtnisleistungen.

Die Erwartung, negativen Ereignissen hilflos ausgeliefert
zu sein bzw. ein depressogener Attributionsstil führen
nicht nur zur stärkeren Wahrnehmung negativer Erlebnis-
se, sondern auch zur Verfestigung pessimistischer Über-
zeugungen. Empirische Befunde „unterstützen die Hypo-
these, dass Kontrollüberzeugungen (z.B. die Erwartung,
eine bestimmte Situation kontrollieren zu können, Verf.),
Selbstwirksamkeitserwartungen und kognitive Leistung in
einem Wirkzusammenhang stehen." (Bellot, 1993, zitiert
nach Hasselhorn/ Titz/ Behrendt 2009, 111)

Manfred Spitzer (2012) referiert in seinem Bestseller „Digitale Demenz" eine neuseeländische Langzeitstudie, die sich mit dem Thema Selbstkontrolle beschäftigte. Sie habe ergeben, dass Selbstkontrolle, d.h. die Hemmung reflexartigen Verhaltens, einen starken Einfluss auf die Entwicklung habe. Zitiert wird in diesem Zusammenhang der berühmte „Marshmallow-Test" von Walter Mischel.

In diesem Test wird bei Vorschulkindern die Fähigkeit zum Belohnungsaufschub geprüft. Spitzer, ein begeisterter Anhänger von Kindergartenspielen, betont: *„Wollen lernen ist wie Sprechen lernen"*.

Die von Spitzer zitierte neuseeländische Längsschnittstudie kam zu dem Resultat, Gesundheit, Wohlstand und die sozialen Lebensumstände seien in hohem Maße vom Ausmaß der schon in der Kindheit erreichten Selbstkontrolle abhängig. Die früh erworbene, langfristig geübte Selbstkontrolle sei für die Lebens- und Altersentwicklung nicht weniger bedeutsam als die Intelligenz.

Ein Modell der Persönlichkeitsstruktur, das 1980 von Costa & McCrae vorgelegt wurde und sich seitdem unter dem Begriff „Big Five" in der Psychologie durchgesetzt hat, wird auch von Staudinger verwendet, wenn sie über die Veränderung der Persönlichkeitseigenschaften im Zusammenhang mit dem Altern berichtet. In einer Querschnittsstudie mit einer Stichprobe von 14 bis 83jährigen in Korea, Portugal, Italien, Deutschland, der CSR und der Türkei konnten McCrae et al 2000 nachweisen:

- Neurotizismus und Offenheit für neue Erfahrungen sind bei Älteren geringer ausgeprägt
- Umgänglichkeit und Zuverlässigkeit/Gewissenhaftigkeit sind in den höheren Altersstufen in erhöhtem Maß zu finden
- Extraversion muss differenziert werden:
  - soziale Vitalität nimmt ab, soziale Dominanz dagegen zu

Querschnittsstudien haben immer nur begrenzten Aussagewert. Wenn zum Beispiel die Älteren in einer großen, repräsentativen Querschnittsstudie im Durchschnitt verlässlicher sind als eine 30 – 40 Jahre jüngere Vergleichsgruppe, kann das verschiedene Ursachen haben. Es könnte zum Beispiel sein, dass die nachwachsende Generation weniger Wert legt auf Verlässlichkeit, weil sich die gesellschaftlichen Normen verändert haben. Es könnte aber auch sein, dass die Älteren in einer Stichprobe deshalb im Durchschnitt verlässlicher sind, weil sie die Überlebenden aus Alterskohorten sind, in denen die Mehrheit (d.h. die weniger Verlässlichen) bereits gestorben sind.

Um dieses Interpretationsdilemma zu vermeiden, sind Längsschnittuntersuchungen unentbehrlich. Glücklicherweise war das schon Mitte des letzten Jahrhunderts vielen Forschern bewusst. Allerdings weist die Forschung in

Deutschland in diesem Bereich Defizite auf. Es scheint, dass wir Deutschen in der Nachkriegszeit so stark auf die Aufarbeitung des Entsetzens über den Holocaust und auf den Wiederaufbau konzentriert waren, dass wir weniger freie Kapazität für das Nachdenken über Entwicklungsverläufe hatten als Forscher in anderen Staaten.

So wurden Mitte des 20. Jahrhunderts in den USA und in verschiedenen europäischen Ländern Längsschnittstudien angelegt, deren Befunde heute, 55 – 80 Jahre später, bereits manche Zusammenhänge sehr detailliert aufklären können.

Als Beispiel soll hier eine 2008 veröffentlichte, schottische Untersuchung dienen. Die Autoren konnten als Resultat einer 1950 mit 1200 Kindern im Alter von 14 Jahren begonnenen psychologischen Untersuchung festhalten: „More intelligent, more dependable children live longer." (Dary/ Batty/ Pattie/ Gale 2008, 874 – 888)

Kreuzauswertungen mit dem Zeitpunkt, zu dem die Studienteilnehmer gestorben waren, wiesen einen deutlichen Einfluss der Gewissenhaftigkeit einer Person auf ihr Überleben nach. Wenig Gewissenhafte waren mit doppelter Wahrscheinlichkeit 55 Jahre nach der Ersterhebung schon tot als sehr Gewissenhafte.

4.3.4 Soziale Beziehungen

Unverkennbar ist der Einfluss sozialer Beziehungen auf den Alterungsprozess. Soziale Beziehungen sind allerdings in hohem Maße bildungs- und einkommensabhängig. Die Unterschiede werden bei den nichtverwandtschaftlichen Beziehungen deutlich. Während weniger Gebildete und Einkommensschwache sich oft ganz auf die Familie konzentrieren, haben Wohlhabendere und Gebildetere eine größere Zahl von Kontakten außerhalb der Familie (Nachbarn, Bekannte, Personen mit ähnlichen Interessen).

Wie Stefanie Becker (2007) ausführt, wird das Verhalten von der veränderten Zeitperspektive alternder Menschen mitgeprägt, was zu einer bewussteren Auswahl der Beziehungspartner und zu einem Rückzug aus oberflächlichen Beziehungen führt. Im Vordergrund steht dabei laut Stefanie Becker neben Intimität und Vertrauen das Ziel einer Maximierung der Unterstützungsfunktion.

4.4 Motivationale Veränderungen

Mit dem Thema „emotionale Entwicklung" hat sich seit 1992 Laura Carstensen in ihrer Theorie der sozioemotionalen Selektivität beschäftigt.

Ein zentraler Faktor in dieser Theorie ist die

individuelle Zeitwahrnehmung

bzw. der zeitliche Zukunftshorizont, der sich im Lebenslauf eines Menschen stark verändert.

„Eine Kernaussage der Theorie besagt: Wenn Menschen ihre Lebenszeit als unbegrenzt und die Zukunft als offen erleben, so wie es meist in der Jugend der Fall ist, dann sind sie motiviert, neue Informationen zu suchen... Im Gegensatz dazu sind Menschen, die ihre Lebenszeit als begrenzt erleben (...), verstärkt motiviert, ein hohes emotionales Wohlbefinden zu erreichen. Sie investieren in Sicherheit, vertiefen vorhandene Beziehungen und genießen das Leben." (Carstensen/ Lang 2007, 389/390)

Über eine Fülle von Auswirkungen der Zeitperspektive in der Lebensspanne wurde ab 1992 in empirischen Untersuchungen zur Kognition, zur Motivation, zur Emotion und zur sozialen Funktionstüchtigkeit im Erwachsenenalter und Alter geforscht und berichtet (Carstensen/ Lang, 2007, 389 – 412)

Beispielsweise hat die emotionale Bedeutung der vermittelten Informationen einen massiven Einfluss auf die Gedächtnisleistung im Alter. Ältere bevorzugen Informationen, die ihre momentane subjektive Befindlichkeit verbessern. Sie zeigen in Aufmerksamkeits- und Gedächtnistests *bei positiven Stimuli bessere kognitive Leistungen* (Staudinger 2008).

4.5 Verhaltensabhängigkeit der Gesundheit im Alter

Im Klassifikationssystem der WHO werden drei Gesundheitsklassen unterschieden:

- Die somatische/ physische Gesundheit
  (die durch chronische Krankheiten beeinträchtigt werden kann)
- Die funktionale Gesundheit
  (die Fähigkeit, selbständig eigene Grundbedürfnisse zu erfüllen und alltägliche Aufgaben zu verrichten)
- Die subjektive Gesundheit
  (die sich vom objektiven Zustand unterscheiden kann).

Im Bereich der Körperfunktionen ist ein Verlust funktionaler Kapazitäten eher auf Nichtgebrauch als auf Alterseffekte zurückführbar; im Bereich der Kognition erlauben die Ergebnisse bisher keine eindeutige Interpretation.

Die subjektive Gesundheit wird in hohem Maße von Lebensstil und Gesundheitsverhalten beeinflusst: sie bestimmen teilweise die Entstehung und Bewältigung von Krankheiten. Der Umgang mit Risikofaktoren (Übergewicht, Rauchen, Mangel an körperlicher Bewegung) und die Inanspruchnahme von Gesundheitsdienstleistungen (Früherkennungsunter-suchungen, Kontrolle bestehender Krankheiten, Nutzung von Heilbehandlungen) spielen dabei wichtige Rollen.

Heute wird davon ausgegangen, dass intrinsische Faktoren bzw. genetische Determinanten nur 20 – 33 % des Alterns eines Menschen bestimmen, extrinsische Faktoren (sozioökonomische Lebensbedingungen, Bildung, Umwelt, individuelle Verhaltensweisen und Zufall) dagegen 67 – 80 %. Die intrinsischen Faktoren werden dabei durch die extrinsischen mit beeinflusst (Kochsiek 2009, 18).

4.6 Trainings- und Lerneffekte im Alter

Da das Gehirn lange Zeit eine hohe Plastizität aufweist, kann es sich im Laufe des Lebens verändern. Dabei kann es im Prozess des Alterns wechseln, welche geistigen Leistungen unter Inanspruchnahme welcher Gehirnbereiche erbracht werden.

In bildgebenden Verfahren konnten Unteraktivierungen bestimmter Hirnareale bei Älteren (Effekt: schlechtere kognitive Leistungen) ebenso beobachtet werden wie Überaktivierungen. Die Defizitkompensation im Gehirn, die durch Überaktivierung erreicht werden kann, gehe allerdings mit einem stärkeren Ressourcenverbrauch einher, schreibt Voelcker-Rehage (2009, 119 – 131).

Kurzzeitige Interventionen, besonders aber regelmäßiges kognitives Training, können dazu führen, dass die kognitiven Leistungen im Alter dem üblichen Leistungsabbau widerstehen. Früheres Lernen kommt den Menschen im Alter zugute. Bei zweisprachigen, älteren Erwachsenen sind z.b. im Test der selektiven Aufmerksamkeit laut Voelcker-Rehage (s.o.) geringere Einbußen zu beobachten als bei einsprachigen Erwachsenen.

Es wird weiter referiert, dass von Trainingsmaßnahmen vor allem Menschen im Alter unter 70 profitieren. Die Annahme, dass es einen Transfer der Trainingsgewinne auf nicht trainierte Aufgaben gibt, konnte in wiederholten Untersuchungen nicht bestätigt werden.

Mehrfach wurde dokumentiert, dass ein hohes Ausbildungsniveau mit nachfolgender hoher kognitiver Stimulanz im Beruf die intellektuellen Fähigkeiten im Alter positiv beeinflusst. Dies gilt für die kristalline Intelligenz. Ob auch die fluide Intelligenz und die Verarbeitungsgeschwindigkeit (Reaktionszeit, assoziatives Gedächtnis) positiv beeinflusst werden können, ist bisher nicht eindeutig belegt.

Bekannt ist weiter, dass Personen, die in der Freizeit kognitiv stimulierenden Aktivitäten, vor allem mit aktivem, sozialem Kontakt, nachgehen, im Alter kognitiv leistungsfähiger sind als weniger aktive Gleichaltrige. Dabei sind allerdings immer auch bestimmte Ausprägungen im Persönlichkeitsprofil Voraussetzung: Offenheit für neue Erfahrungen, Flexibilität, Kreativität, Interesse am eigenen Wachstum.

Während der „Neigungswinkel" des kognitiven Abbaus für alle Gruppen gleich sei (unabhängig von Biographie, Persönlichkeitsprofil und Freizeitaktivitäten), eröffne ein höheres Ausgangsniveau für die Erhaltung der kognitiven Leistungsfähigkeit grundsätzlich bessere Chancen. Die in der Jugend geschaffenen Voraussetzungen seien aber nicht allein entscheidend. Die erworbenen Fähigkeiten müssten kontinuierlich genutzt werden. Laut Claudia Voelcker-Rehage konnte in physiologischen Tests nachgewiesen werden, dass der zerebrale Blutfluss, dessen Abnahme im Alter mit einer Abnahme der kognitiven Leistungsfunktionen verbunden ist, durch Inaktivität nach dem Ausscheiden aus dem Beruf leidet. Bei Personen, die weiter aktiv waren, blieb der Durchblutungslevel nahezu konstant; sie schnitten in kognitiven Tests besser ab.

Körperliche Aktivität lohnt sich im Alter doppelt. Dass konsequentes Ausdauertraining schon nach 6 Monaten zu verbesserten Leistungen der selektiven Aufmerksamkeit beiträgt, aber auch die Anatomie des Gehirns (Gewebedichte) verändert, ist belegt.

Körperliche Aktivität verbessert gleichzeitig auch das emotionale Befinden.

Leider ist das körperliche Aktivitätsniveau bei den älteren Deutschen heute immer noch gering. Laut SOEP beträgt der Anteil der sportlich Inaktiven zwischen 50 und 60 Jahren 75 %; im Alter ab 65 steigt er auf 87 %.

Auch in diesem Bereich hat der sozioökonomische Status einen starken Einfluss. Das macht Hoffnung für die Zukunft: in Deutschland hat sich die Frequenz des Abiturs und der damit verbundenen Startchancen innerhalb von 50 Jahren radikal erhöht. Während 1960 nur 8 % der Deutschen über eine mindestens 12jährige Schulbildung (Abitur) verfügten, erwerben heute bereits 51 % der 18 – 20jährigen das Abitur oder einen gleichwertigen Schulabschluss. In der Schule wird auch auf Sport geachtet; Menschen, die in der Jugend sportlich aktiv waren, behalten das eher auch im Alter bei.

4.7 Hinweise aus biologischen und neurobiologischen Forschungen

Was wir bisher aus der biologischen und neurobiologischen Forschung erfahren haben, beruht in hohem Maße auf Übertragungen: wir vertrauen auf die

Rattenähnlichkeit des Menschen.

Wie Björn Falkenburger (2009, 133 – 139) ausführt, kann die Neurobiologie, die ein Verständnis der Gehirnfunktionen auf zellulärer und molekularer Ebene anstrebt, solche Untersuchungen nicht am Menschen durchführen, sondern nur an Modellorganismen (Fruchtfliegen, Meeresschnecken, Mäusen, Ratten). „In diesen Modellorganismen können manche Bereiche von Kognition und Motivation sehr gut, andere nicht untersucht werden. Gut untersucht sind die Phänomene Lernen und Antrieb."

Beeinflusst von der einst von dem kanadischen Psychologen Donald Hebb aufgestellten Regel, dass die Verbindung von 2 Nervenzellen (Neuronen) dann verstärkt wird, wenn beide gleichzeitig aktiviert sind, wurde die Verstärkung neuronaler Verbindungen für Synapsen (Long-Term-Potentiation) wie für die Spines, die auswachsenden kleinen Knospen auf den neuronalen Fortsätzen, beobachtet. Es wird untersucht, welche Gene, Proteine und Botenstoffe für die elektrischen und morphologischen Veränderungen verantwortlich sind.

Unterschiedliche Gedächtnisinhalte werden, wie Falkenburger ausführt, *in verschiedenen Teilen des Gehirns gespeichert und verarbeitet:* Tatsachen und Ereignisse im Hippocampus, Fertigkeiten und Gewohnheiten im Striatum, konditionierte Angst in der Amygdala und die konditionierte Feinabstimmung der Skelettmuskulatur im Kleinhirn. (Milner/ Squire/ Kandel 1998, 445 – 468, zitiert nach Falkenburger)

Am besten untersucht ist die Modulation durch Dopamin, das in den verschiedenen Bereichen des Nervensystems synthetisiert wird. Dopaminerge Neurone können z.b. durch Belohnung, neue Umgebung, Überraschung, ein Videospiel oder angenehme Musik aktiviert werden.

Die Degeneration der nigrostriatalen Neurone verursacht Parkinson; Veränderungen der mesokortikalen Bahn werden als Ursache von Schizophrenie und ADHA (Hyperaktivitäts-Aufmerksamkeitsmangel-Syndrom) angenommen.

Die Ausschüttung von Dopamin scheint für hippocampales Lernen und für die Entwicklung von Gewohnheiten verantwortlich zu sein (Vermehrung von Dopamin durch Drogen wie Kokain oder Amphetaminen führt zu Sucht).

Im Alter ist die Anzahl dopaminerger Neurone vermindert. Außerdem nimmt die Freisetzung von Dopamin durch entsprechende Stimuli im Alter ab. Gedächtnis, Aufmerksamkeit und Antrieb leiden darunter. Eine medikamentöse Substitution kann die vorübergehende Freisetzung von Dopamin, wie sie in Folge von Belohnung oder Überraschung auftritt, nicht ausreichend ersetzen.

Experimente haben aber gezeigt, dass eine exogene Zufuhr von Dopamin das Lernen von Wortlisten verbessern kann. Verwendet wurde dabei Levodopa (Vorstufe von Dopamin; wird auch zur Therapie der Parkinsonkrankheit eingesetzt). (Knecht et al 2004, 20 – 26)

Die aufmerksamkeitsteigernde Wirkung von Amphetamin und seinen Derivaten (z.b. Ritalin) wird bei ADHA therapeutisch genutzt. Die Erfolge dieser Theorie haben geradezu eine „Mode" ausgelöst. Nach Bekanntwerden entsprechender Erfahrungen wurde die Ritalin-Verschreibung von College-Studenten gerne zur Aufmerksamkeitssteigerung genutzt. Es kann dabei allerdings ungünstige gasterointestinale und kardiovaskuläre Nebenwirkungen geben, und auch die Gefahr von Abhängigkeit muss bedacht werden.

Neben Dopamin ist BDNF (Brain Derived Neurotrophic Factor) für Lernen und Gedächtnis entscheidend. BDNF ist wahrscheinlich der Botenstoff, der im Neuron die Veränderungen auslöst, die zur Verstärkung der Synapse notwendig sind. Reihenfolge: zuerst Dopamin, dann BDNF als ausführender Botenstoff. Die exogene Verabreichung von BDNF kann dopaminerge Neurone vor toxischen Schäden schützen.

BDNF und BDNF-Rezeptoren finden sich im alternden menschlichen Gehirn in geringerer Menge als im jungen

(Webster et a. 2006, 138). Bei Ratten wurde eine Erhöhung des BDNF-Gehalts durch eine spannendere Käfigumgebung experimentell nachgewiesen. Als förderlich erwiesen sich Möglichkeiten, zu klettern und zu spielen ebenso wie die gemeinsame Haltung von 4 Artgenossen im Käfig.

Konsequenz: Auch Biologen sagen heute, dass das Bild vom Alter als einer Zeit der Ruhe ein falsches Vorbild sei, wenn es um die Vermeidung von Altersabbau-Erscheinungen gehe.

Auf jeden Fall gilt: Anregung, Überraschung, soziale und körperliche Aktivität sind für ein „gutes Altern" unentbehrlich. Die exogene Substitution von Dopamin kann das komplexe neuronale Geschehen nicht ausreichend nachbilden: die unspezifische Verstärkung von Synapsen kann auch bestehende Gedächtnisinhalte überschreiben und damit löschen. Die BDNF-Substitution ist ebenso umstritten.

5. Maßnahmen für die Verbesserung des Alternsprozesses

Die Medizin (König/ Riedel-Heller, 2008, zusammengefasst nach Kochsiek 2009, 55) unterscheidet inzwischen drei Stufen der Prävention: Primärprävention (Vermeidung bzw Ausschaltung schädigender Faktoren), Sekundärprävention (Erkennung und Therapie von Krankheiten in möglichst frühem, vorklinischem Stadium) und Tertiärprävention (Verhinderung des Fortschreitens von manifesten Krankheiten und deren Komplikationen).

5.1 Primärprävention für ein gesundes Altern

Wie stark der schon von Paul Baltes charakterisierte „ biokulturelle Co-Konstruktivismus" unsere Möglichkeiten im Alter beeinflusst, wird zunehmend deutlicher. Im Tagungsprotokoll zum Thema „Körper, Geist, Gesundheit , Hirn" wurde 2006 festgehalten, was damals zur Primärprävention zählte. Neben der lebenslangen, regelmäßigen, körperlichen Aktivität wurden die Vermeidung von Übergewicht und der Verzicht auf das Rauchen sowie größeren Alkoholkonsum als wichtig hervorgehoben. Begründet wurde dies mit der Unterstützung der individuellen Reparaturmechanismen durch eigenes Verhalten.

Wir wissen heute, dass dies nicht ausreicht. Neben körperlichen sind soziale und geistige Aktivitäten lebenswichtig - vor allem, sobald sie nicht mehr durch die Einbindung
in einen Beruf „automatisch" gewährleistet sind.

Wenn Biologen, Psychologen und Mediziner heute davon
ausgehen, dass

*nur 20-33 % dessen, was dem Durchschnitt
bis zum Alter widerfährt, genetisch bedingt*

ist, kann das als enormer Ansporn für den Einzelnen und
für die Gesellschaft verstanden werden.

Nachdem man sich in der Psychologie lange Zeit mit der
Frage beschäftigt hatte, was getan werden kann, um fehl-
geschlagene Entwicklungen zu korrigieren, ist seit weni-
gen Jahrzehnten von einem" Paradigmenwechsel" die
Rede. Was Menschen glücklich macht, wie Kreativität entsteht und zu fördern ist, was zu besonderem Erfolg – u.a.
einem befriedigenden, langen Leben - beiträgt, rückt in
den Fokus. Wir erinnern in diesem Zusammenhang an
den Bericht über das „Longevity Project" von Friedman/
Martin (2011) s. auch Kapitel 5.3.

Die große Bedeutung körperlicher, geistiger und sozialer
Aktivitäten wird schon erkennbar, wenn man die Frequenz von Depressionen im Alter betrachtet. Die Daten zu

diesem Thema erscheinen auf den ersten Blick widersprüchlich. Sie hängen maßgeblich davon ab, ob bei der Untersuchung Heimbewohner in die Stichprobenbildung einbezogen wurden. Depressive Symptome treten laut Böhm/ Tesch-Römer/ Ziese (2009, 52/53) bei 40 – 50 % der Heimbewohner auf. Die erste Berliner Altersstudie, deren Stichprobe keine Heimbewohner umfasste, registrierte dagegen nur bei 18% der über 70Jährigen leichte depressive Störungen (Müdigkeit, Energieverlust, Konzentrationsmangel, Gedanken an den Tod) .

5.2   Unterstützung der Sekundärprävention

Die Sekundärprävention ist in hohem Maße Sache der Medizin – wobei der Einzelne selbst sein Teil dazu beitragen muss, indem er z. B. Vorsorgeuntersuchungen oder Impfmöglichkeiten wahrnimmt.

Durch grosse Untersuchungen soll die Voraussetzung für eine verbesserte Sekundärprävention geschaffen werden. In Deutschland bemüht sich u.a. die ESTHER- Studie des DZA, weitergeführt auch vom ESTHER-Net, das wiederum vom Bundesministerium für Bildung und Forschung gefördert wird, um „Feststellung und quantitative Abschätzung von Krankheitsursachen, Risikofaktoren, Risikoindikatoren sowie die Ermittlung von neuen Markern früher krankhafter Läsionen durch aussagekräftige, epidemiologische Studien, insbesondere epidemiologische Längsschnittstudien".

Die um die Jahrtausendwende gebildete Stichprobe mit knapp 10.000 Teilnehmern im Alter von 50 – 74 Jahren enthielt einen relativ großen Anteil übergewichtiger, teilweise adipöser Personen . Rund 40 % hatten bei Studienbeginn bereits Erkrankungen wie Hypertonie oder Hyperlipidie ; im Rahmen der Anfangsuntersuchung wurden bei rund 10% Diabetes mellitus,bei knapp 9 % Angina pectoris oder Herzinsuffizienz , bei knapp 7 % eine Krebserkrankung und bei rund 5% ein früherer Infarkt registriert. Erfasst wurde auch das Rauchverhalten: die Untersuchung umfaßte 17% derzeitige, 32% frühere und 51% Nichtraucher.

Die erste Folgeuntersuchung fand bei den gleichen Teilnehmern ab 2011, die dritte Untersuchungswelle ab 2014 statt.

Nach den ersten 8 Jahren wurde z.b festgestellt, daß Vitamin D- Mangel (zu geringe Sonnenbestrahlung in den Wintermonaten) das Sterberisiko erhöht. Die Sterblichkeit nach Erkrankung der Atemwege, Herz-Kreislauferkrankungen oder Krebs war bei Teilnehmern mit sehr niedrigem oder niedrigem Vitamin D- Spiegel statistisch signifikant höher als bei Teilnehmern mit höherem Vitamin D- Spiegel. Der Beobachtungszeitraum reicht allerdings noch nicht aus, um festzustellen, ob die medikamentöse Vitamin D-Substitution Abhilfe bieten kann. (dkfz.de, Abruf 24.07.17)

5.3 Ergebnisse des „Longevity"- Projektes: Fundamentale Bedrohungen und selbst-kontrolliertes Leben

Der Psychologe Lewis Terman begann 1921 mit einer Langzeitstudie. Eine Stichprobe von 1528 Personen (sämtlich begabte Kinder aus der amerikanischen Mittelschicht, die um 1910 geboren waren) wurde immer wieder zu ihren Einstellungen und Verhaltensweisen befragt.

Nach dem Tod von Terman führten Leslie R. Martin und Howard S. Friedman zusammen mit einer Gruppe Forscher, die sich in Abgrenzung von den „Termites"

(Terman's Probanden) als „Termanators" bezeichneten, die Untersuchung fort.

Terman, ein Intelligenzforscher, hatte ursprünglich das Ziel formuliert, die Auswirkungen der Intelligenz auf Lebensführung, Karriere und Erfolg zu untersuchen. Für diesen Zweck hätten aus heutiger experimentalpsychologischer Sicht zusätzlich Vergleichsstichproben von Personen mit mittlerer bzw. geringer Intelligenz gebildet werden müssen, die dann dem gleichen Untersuchungsprogramm unterzogen worden wären. Daran dachte Terman nicht.

Die Studie erwies sich trotzdem als nützlich. Die Nachfolger von Terman, beide Inhaber von Lehrstühlen für Gesundheitspsychologie, entschieden sich, das Design der durchgeführten Kohortenstudie als ex- post- facto-Design zu behandeln und als zentrales Merkmal den Todeszeitpunkt der Versuchsteilnehmer zu benutzen.

Sie verwendeten viel Zeit auf die Beschaffung der offiziellen Unterlagen zu Todestermin und Todesursache aller Probanden. Danach versuchten sie, alle verfügbaren Daten für eine breite statistische Analyse der Zusammenhänge zwischen der individuellen Lebensweise, dem Sozialverhalten, Arbeit, Erfolg und der Lebensdauer aufzubereiten.

Sie betonen, welche Vorteile ein hartes, objektives Datum (Todeszeitpunkt) gegenüber weichen Daten (wie Selbstbeurteilungsfragebögen zu Gesundheit & Wellness) bietet und freuen sich darüber, dass die vorliegende Datenbasis weniger als andere Studien jenen Verzerrungen unterlag, die man aus Projekten kennt, die von den Interessen wichtiger Sponsoren (z.b. Pharma- oder Nahrungsmittelhersteller) beeinflusst wurden.

Nach 20 Jahren statistischer Analyse halten Friedman und Martin fest, dass sich Gewohnheiten und Verhaltensmuster, vor allem aber Persönlichkeit, Karriereentwicklung und Sozialverhalten als entscheidend für die langfristige Gesundheit erwiesen. Sie entlarven eine Reihe gängiger Lehrmeinungen als „Mythen", die einer sorgfältigen Analyse nicht standhielten. Empfehlungen für Gesundheit und Langlebigkeit, die wie Kochbücher angelegt sind und Rezepte mit Nahrungslisten oder to do-Regeln bereitstellen, vermitteln ihrer Ansicht nach eher neue Mythen.

Von den grundlegenden Bedrohungen für den Körper lassen Friedman/Martin (2011,204-215) nur fünf gelten:

I. Übermäßige Aufnahme von Giftstoffen (Tabakrauch, Blei oder andere Schwermetalle, Pestizide, verschmutzte Luft), die menschliche Zellen und Organe schädigen

II. Radioaktivität (Radon, Nuklearwaffen oder -abfall, CT's) mit kumulativ wirksamer Schädlichkeit

III. Virusinfektionen (Pilze, Bakterien), die die natürlichen Abwehrkräfte des Körpers schwächen

IV. Traumatische Körperverletzungen, zum Beispiel durch Unfälle

V. Genetische Belastungen (durch Vererbung oder durch Umwelteinflüsse), die aber nicht unter allen Umständen wirksam werden müssen.

Jenseits dieser fünf fundamentalen Bedrohungen sei alles relativ. Der menschliche Körper verändere sich ständig, deshalb könne jede Intervention unterschiedliche Auswirkungen haben. Nur für die Extreme seien die Ergebnisse eindeutig: zum Beispiel für die Dehydration oder zu viel Wasser, extremen Stress oder extreme Eintönigkeit. Wo das richtige Maß liege, lasse sich nicht durch eine lebenslang gültige Regel bestimmen.

Die langlebigen Terman - Probanden seien durch ein selbstkontrolliertes Leben in der Spur geblieben; wenn sie etwas aus der Bahn geworfen habe, hätten sie danach getrachtet, möglichst bald zurückzufinden.

Als Ergebnisse ihrer Analysen halten Friedman/Martin (2011, 209ff) fest.

1. Es reiche nicht, sich auf den Körper zu konzentrieren. Das familiäre Umfeld, die Arbeit und die sozialen Beziehungen seien ähnlich starke Einflussfaktoren.

2. In der kindlichen Entwicklung sei Zeit für unstrukturiertes Spielen wichtig. Kinder sollten nicht zu früh eingeschult werden. Wenn Kinder bei der Einschulung jünger seien als ihre Kameraden, fühlten sie oft einen enormen

Druck, sich zu beweisen. Diese subjektive Wahrnehmung wirke prägend. Im Alter unter 6 Eingeschulte fühlten sich auch im späteren Leben immer wieder überfor-
dert.

3. Harte Arbeit und Leistung seien gute Voraussetzungen
für ein langes Leben. Ehrgeiz habe sich nicht als prob-
lematisch, Leichtfertigkeit dagegen eher als ungesund
erwiesen. Allerdings habe es sich nach den Analysebe-
funden der Autoren als lebenswichtig erwiesen, den Job
zu wechseln, wenn ein hohes Maß an Anforderungen
mit wenig Ressourcen und fehlender Unterstützung
durch Kollegen einhergehe.

4. „Immer lustig und gut drauf sein" sei nicht nötig; als entscheidend hätten sich die Fähigkeit zu langfristigen, engen Bindungen und die Verwendung von Humor und
Fröhlichkeit für ein befriedigendes Sozialleben und beruflichen Erfolg herausgestellt.

5. Ein früheres Aussteigen aus dem beruflichen Arbeits-
prozess lohne sich nur dann, wenn man eine noch inte-
ressantere, erfolgreichere, stärker sinnerfüllte, schöpfe-
risch-produktive Arbeit übernehmen könne.

6. Vorteilhaft für ein gesundes, langes Leben sei es offen-
sichtlich, wenn die Probanden ihre kritische Auseinandersetzung mit der Realität beibehielten und Positives
wie Negatives gleichermaßen beachteten.

7. Es sei gut, wenn man lerne, erreichbares Glück festzu-
halten: Einen erfüllenden Beruf, eine gute Partnerbezie-
hung, ein befriedigendes Hobby. Die volle Verwirkli-

chung der eigenen Träume oder der perfekte Job seien nicht relevant. Die Wirkung einer gelungenen Ehe könne zum Beispiel durch eine Gemeinschaft mit Gleichgesinnten ersetzt werden, die gut zusammenarbeiteten, wenn dabei persönliche Stärken belohnt würden und es Chancen zum Lernen gebe. Ein Leben außerhalb der üblichen sozialen Normen könne mit Langlebigkeit einhergehen, wenn Beruf, enge Freundschaften und viele Anregungen durch Reisen ein erfülltes Leben fundierten.

8. Verlässlichkeit wirke nach allen Seiten. Sie sei eine der Voraussetzungen für ein langes, gesundes Leben.

9. Wichtig sei es, nach einem enttäuschenden Ereignis schnellstens die Verbindung zurück zu einem normalen Leben zu suchen und sich nicht einer Abwärtsspirale aus Alkohol, Angst, Depression und Katastrophenstimmung zu überlassen, mit Vorahnungen von Unfällen und Gewalt. Die Terman - Studienteilnehmer, die solche negativen Gedanken in den Griff bekamen und die Katastrophenstimmung kontrollierten, fanden oft mit Unterstützung eines Ehepartners, Therapeuten oder engen Freundes zurück zu einem gesunden Weg.

10. Körperliche Bewegung müsse Spaß machen. Nicht hartes sportliches Training sei wichtig, sondern körperliche Bewegung, die Freude macht.

11. Anderen positive Gefühle entgegenzubringen, sich ihnen nahe zu fühlen, andere sozial zu unterstützen, sei für Langlebigkeit und Gesundheit im Alter wichtiger als geliebt zu werden.

5.4 Entwicklung einer neuralen Reserve

Oberflächlich betrachtet ist, wie die deutsche Alzheimer Gesellschaft schreibt, der manifeste Ausbruch von Morbus Alzheimer in hohem Maße altersabhängig. Von den 65-jährigen haben 1,5 % Alzheimer, von den 70-jährigen 3 %, von den 75-jährigen 6 %, von den 80-jährigen 12 % und von den 85-jährigen 24 % (21 % der Männer, 28 % der Frauen!). Dabei ist nur ein ganz kleiner Teil der Alzheimer Erkrankungen familiär beziehungsweise genetisch bedingt.

Seit längerem ist bekannt, dass ein Zusammenhang zwischen höherer Bildung und einem reduzierten Auftreten von Demenz besteht; referiert wurde eine signifikante Verringerung der Alzheimer Erkrankungen in Abhängigkeit von der Dauer der Schulbildung.

Wie der Effekt der Bildung zustande kommt, war umstritten, bis EClipSE (Brain 2010, 133, 2210 - 2216) drei große europäische Längsschnittuntersuchungen kombinieren und in binomialen statistischen Untersuchungen auswerten konnte.

Das Ergebnis war eindeutig. Eine verlängerte Schulzeit schützt nicht grundsätzlich vor degenerativen Erkrankungen des Gehirns im Alter, sie hilft vielmehr bei der Kompensation pathologischer Einflüsse auf kognitive Leistungen im Alter oder, wie die Autoren resümierten:

„The results support the brain reserve hypothesis".

In Deutschland sprechen wir von der neuralen (oder neuronalen) Reserve, die man durch lebenslanges Lernen aufbauen und im Alter zum Ausgleich von Defiziten verwenden kann.

5.5 Nicht Abbau sondern Umbau: Ein Blick nach Japan

Wie Eschbach-Szabo (2015, 240ff) darlegt, gibt es in Japan eine lange Tradition der Ratgeberbücher zum Thema, schon seit dem 17. Jahrhundert. Besonders erfolgreich war in unserer Zeit Shigeaki Hinohara. Der mit 105 Jahren bis zu seinem Todesjahr 2017 weltweit am längsten praktizierende Arzt habe seine Empfehlungen unter „100 Methoden um 100 Jahre alt zu werden. Herausforderung für Mut für die Zukunft" (2009) zusammengefaßt. Das Wichtigste sei laut Hinohara, „dass man

vom Konzept des Abbaus zum Bild des Umbaus"

übergehe und für das Alter ab 75 neue Betätigungsfelder suche. Es gehe darum, dass man „all die Fähigkeiten, die man im Leben nicht genutzt hat, im Alter neu entwickelt."

Eschbach-Szabo (2015, 241/242) übersetzt und zitiert 11 Regeln von Hinohara exemplarisch (hier wörtlich wiedergegeben):

1. Mit 75 fange ich was ganz Neues an.

2. Die guten Sachen, die ich geerbt habe, lasse ich aufleben.

3. Meine bisherigen Gewohnheiten versuche ich Stück für Stück zum Guten zu ändern

4. Mehr als zwei Sachen gleichzeitig zu tun, ist eine Schutzmethode gegen das Altern.

5. Ich nehme Zeit dafür, was mich interessiert.

6. Für den Körper und für den Geist nehme ich mir die Zeit für bewusste Übungen.

7. Egal, was sich ereignet, behalte ich ein kleines Ziel für den Tag.

8. Wenn ich eine Gunst (goen) bekomme, versuche ich es zurückzugeben.

9. Was man erst im Alter von 90 begreifen wird, die unabdingbaren Faktoren sind nämlich eine Balance von Mut, Lernen, Schönheitssinn, Herausforderung und Liebe.

10. Ich unterdrücke den Wunsch so leben zu wollen wie die Jungen.

11. 100 Jahre nehme ich mir als Age Shot als Ziel vor.

Im Vergleich zur deutschen Altersforschungsliteratur betrachtet Hinohara das Alter ab 75 deutlich optimistischer: Es erscheint dem Japaner für einen Neubeginn geeignet. Seine Skepsis gegenüber Möglichkeiten der Veränderung im Alter ist vergleichsweise geringer.

6. Staatliche Erfassung von Krankheiten, die die nationale Sterblichkeitsrate beeinflussen

Der Wunsch, durch reflektiertes, eigenes Verhalten die persönliche Gesundheit zu fördern und zu einem „guten Alter" beizutragen, hat ein staatliches Äquivalent. So sind in Deutschland und international in den vergangenen Jahrzehnten neue Studien entstanden, die die komplexen Zusammenhänge von Gesundheit und Krankheit immer systematischer zu erfassen versuchen. Sie haben natürlich auch ökonomische Gründe: es muss danach gestrebt werden, die überall zu beobachtende Lebensverlängerung bezahlbar zu halten.

6.1 Nationales Monitoring (Bundesgesundheits-survey)

In Deutschland trug die „Wende" zu besonders interessanten Beobachtungsmöglichkeiten und Forschungsergebnissen bei. Noch 1990 war die Lebenserwartung der in Ostdeutschland geborenen Männer um 3,5 Jahre, die der ostdeutschen Frauen um 2,8 Jahre niedriger als die der Westdeutschen. Bereits 2002 hatte sich die Lebenserwartung der in den neuen Bundesländern Geborenen an die aus den alten Bundesländern Gebürtigen angeglichen. Wie statistische Recherchen beweisen konnten, kam der größte Effekt dabei durch eine Beeinflussung der Frequenz von Herz-Kreislauf-Erkrankungen im mittleren Lebensalter zustande.(Kochsiek/Gieselmann 2009, 49)

Seit 1998 gibt es in Deutschland die „Bundesgesundheitssurvey". Die neuesten Daten stammen von 2016. Die GBE (Gesundheits-berichterstattung am Robert Koch Institut, kurz RKI) führt die Befunde des Gesundheitsmonitoring mit weiteren Datenquellen in GBE-Publikationen zusammen. In Zukunft soll die GBE verstärkt in das internationale Public Health Monitoring (WHO und europäische Ebene) einfließen. So soll die kontinuierliche Kontrolle nichtübertragbarer Krankheiten weiter verbessert werden.

Das RKI überwacht außerdem das Infektionsgeschehen in Deutschland regelmäßig: meldepflichtige Infektionskrankheiten wie Masern, HIV, Tuberkulose und Influenza werden hier erfasst, was u.a. der Früherkennung potentieller Krisen dient.

6.2 Internationales Monitoring (Global Burden of Disease)

1992 wurde von der Harvard University (School of Public Health), der WHO und der Weltbank eine Studie initiiert, die unter dem Namen „Global Burden of Disease" bekannt geworden ist.

In diesem Projekt sollen mit Hilfe der Erfassung von über 100 Krankheiten und Behinderungen weltweit mögliche Ursachen für Krankheiten und Sterblichkeit systematisch registriert werden.

Als Messeinheit dient das *Disability-Adjusted Life Year (DALY)*, in dem die Verminderung der Lebensqualität zusammengefasst wird. Das DALY beschreibt den Unterschied zwischen dem Ist-Zustand in einem Land und dem Idealzustand, in dem jeder Mensch in diesem Land bei voller Gesundheit den Standardwert der Lebenserwartung erreichen würde.

Dieser Standardwert wurde bisher auf der Basis von Sterbetafeln mit 80 Jahren für Männer und 82,5 Jahren für Frauen festgelegt. Die mit einer Behinderung gelebte und die durch vorzeitigen Tod verlorene Lebenszeit werden im DALY mit der Zahl der Betroffenen pro Land multipliziert und vom Idealzustand subtrahiert. So kann dann ein DALY-Durchschnittswert pro Land angegeben werden, der internationale Vergleiche erlaubt.

7. Wie kann das gesammelte Wissen individuell nutzbar gemacht werden?

7.1 Was ist anders als in der Jugend, wenn man mit 75 die eigene Zukunft gestalten will?

Nur 20-33 % des menschlichen Schicksals sind genetisch festgelegt. Was für eine Ermutigung für den 20-jährigen! Aber mit 75? Das „gelebte Leben" übernimmt die Rolle, die man früher den Genen zuschrieb. Das, was man in den vergangenen 75 Jahren entwickelt, gedacht, getan und immer wieder unterlassen hat, kanalisiert die zukünftigen Möglichkeiten. Wie groß ist die Wahrscheinlichkeit, dass man Veränderungen, die man zuvor immer wieder verschoben oder nie riskiert hat, realisieren wird?

Im Leben vieler Menschen gibt es kreative Einfälle; sie verschwinden wie Sternschnuppen in der Alltagsroutine.

Nachdem die von Erikson (1966, 150/151 und 214/215) beschriebene siebte und achte Stufe im eigenen Lebenszyklus erreicht wurden, nehmen im „4.Lebensalter" die gesellschaftlich festgelegten Pflichten ab. Berufliche und familiäre Aufgaben sind nicht mehr zwingend; man kann sich entscheiden, ob man weiter arbeiten, sich den Enkeln zuwenden, neue Aufgaben suchen oder primär die Befreiung genießen will.

Die Perspektive wird allerdings immer kürzer: Habe ich noch 20, 10, 5, 3, 1 Jahr vor mir? Es geht nicht mehr um „das ganze Leben". Man kann versuchen, einen neuen „Spielraum" zu schaffen, indem man die fehlende Langfristigkeit durch eine verfeinerte Gliederung ausgleicht: Man fasst nicht mehr das in fünf Jahren zu erreichende Ziel ins Auge sondern begnügt sich mit der Planung für ein Jahr, einen Monat, eine Woche.

Da die eigene Aufmerksamkeit abnimmt, braucht man Stützen für die Selbstbeobachtung. Man kann zum Beispiel seine zwölf letzten Monats-Mind Maps darauf untersuchen, was man immer wieder verschoben hat, und bewusster entscheiden: Will ich es jetzt sofort angehen oder das Vorhaben fallenlassen?

Es geht nicht mehr zentral um Aufstieg sondern eher um das Erkennen, den Erhalt und den Gebrauch der aktuell verfügbaren Ressourcen. Staudinger (2003) spricht von der Entdeckung neuer und veränderter Formen der tätigen und der psychologischen Produktivität. Sie betont den Wert der emotionalen bzw. motivationalen Produktivität im Alter.

Die Chance für gemeinsame Aktivitäten mit Gleichaltrigen nimmt schmerzlich ab. Die individuelle Leistungsfähigkeit vermindert sich unterschiedlich, besonders deutlich in den Bereichen Hören und Mobilität. Aktivitäten, die früher allen Freunden Freude machten, trennen sie jetzt.

Intergenerationelle Wahlverwandtschaften werden immer wichtiger.

Wie Kochsiek (2009, 53 ff) schreibt, ist es für den Einzelnen wie die ganze Gesellschaft von Vorteil, wenn jedem möglichst früh bewusst wird, wie stark sein eigener Einfluss auf das ist, was er im Leben wird erreichen, gestalten und genießen können. „ Das Maßhalten, die Vermeidung schädigender Faktoren, die frühzeitige Erkennung und Therapie von Fehlentwicklungen, die Einschränkung des Fortschreitens auftretender Krankheiten durch entsprechende Behandlung, die Erhaltung wichtiger Funktionen bis ins hohe Alter durch körperliches und geistiges Training sind entscheidend für die Lebensqualität."

Zwischendurch wird, zum Beispiel beim Blick nach Afrika, klar, was für ein Glück es ist, 2018 in Deutschland leben zu dürfen, mit der Fülle der Chancen, die das Land den hier Heimischen geboten hat und bietet.

Es entsteht eine eigentümliche Gefühlsmischung. Dankbarkeit für das, was im eigenen Leben unter solch günstigen Umständen realisiert werden konnte. Der Wunsch, das Bestehende – vor allem die emotionalen Beziehungen zu anderen Menschen – noch eine Weile halten zu können. Die Hoffnung, Krankheit und Müdigkeit überwinden, wach und lebendig bleiben, weiter Neues integrieren zu können. Der Wunsch, zu teilen und weiterzugeben. Eriksons Lebenszyklus- Aufgaben der Generativität und Integrität bleiben bestehen und verlangen nach Vervollkommnung.

7.2 Neue Vorbilder

In der Jugend waren Vorbilder eine Orientierungshilfe. Können sie das vielleicht auch im Alter sein?

7.2.1 Arthur Rubinsteins „Selektive Optimierung mit Kompensation"

Ein beeindruckendes Modell verdanken wir Margarete und Paul Baltes. Im Rahmen der

„Theorie der selektiven Optimierung mit Kompensation (SOC Modell),

die Ende der Achtzigerjahre am Berliner Max-Planck-Institut für Bildungsforschung entwickelt wurde, zitiert Paul Baltes den 80jährigen Arthur Rubinstein. Auf die Frage, wie er es schaffe, in seinem Alter noch so hervorragende Konzerte zu geben, habe Rubinstein drei Gründe genannt:

- Erstens spiele er weniger Stücke (Selektion)
- Zweitens übe er die Stücke häufiger (Optimierung)
- Drittens setze er größere Kontraste in den Tempi (um sein Spiel schneller erscheinen zu lassen - Kompensation)

Trotz aller Anschaulichkeit lässt sich diese Lösung nicht so ganz einfach auf ein anderes Leben übertragen: Sie passt optimal für den erfolgreichen Künstler, der genau weiß, womit er sein Publikum beeindruckt , und der das auch möglichst lange weiter tun möchte.

Aber was ist, wenn man vieles gut und nichts excellent beherrscht hat? Was ist, wenn man sich eher nach Neuem als nach dem lange Zeit Geübten sehnt? Was ist, wenn man kaum die Chance hat, geeignete Voraussetzungen für die Fortsetzung früherer eigener Leistungen zu schaffen oder wenn diese nicht übungsabhängig sind?

7.2.2 Nahestehende Frauen, die "gut altern"

Spontan denke ich an beeindruckende Frauen in meiner Nähe. Über ihre Biographien nachdenkend, habe ich nach Übereinstimmungen gesucht.

Was haben meine Icon-Frauen gemeinsam?

Sie sind mit Ausdauer einen eigenen Weg gegangen: resilient, optimistisch und mit zunehmender Selbstwirksamkeitserwartung.

Ihre Anfänge waren für die damalige Zeit privilegiert: die meisten genossen eine mehr als 12jährige Schulbildung. Sie lernten am eigenen Leibe, dass man etwas längerfristig verfolgen und geordnet beenden kann. Die Schule zeigte ihnen nebenbei in vielfältiger Lektüre Alternativen auf. Sie konnten Vorbilder entdecken, erhielten Entwicklungschancen und es gelang ihnen, Anregungen auf das eigene Leben zu übertragen.

Sie haben persönliche Wünsche und Ideen manchmal zurückgestellt, aber nicht vergessen, sondern bei passender Gelegenheit erneut aufgegriffen und realisiert. Sie haben manches relativ spät begonnen und sich nicht durch den Einwand, dafür sei es jetzt zu spät, entmutigen lassen.

Sie haben die Vorzüge des Zusammenhalts mit intelligenten und erfolgreichen Menschen – Ehepartner, manchmal auch Sohn, Tochter oder „Wahlverwandte"- zu schätzen gewusst, sich in Liebe diesen Menschen zugewandt und an Kompromissen gearbeitet, die allen Beteiligten Freiräume ließen.

Keine von ihnen hat im konventionellen Rentenalter aufgehört, zu arbeiten. Keine von ihnen ist passiv, bequem oder pessimistisch geworden.

Über einen Bildungsfundus wie meine Icon-Frauen verfügten 1960 in Deutschland erst 8 % der Frauen – so viele machten damals das Abitur. 2018 hat in Deutschland bereits die Mehrheit der 20jährigen das Abitur oder einen als gleichwertig anerkannten Ausbildungsabschluss, der zum Studium berechtigt.

Welche Chancen für die Zukunft! Chancen, die umso attraktiver werden, wenn immer mehr Deutschen bewusst wird, dass nur 20 – 33 % des Lebens genetisch bestimmt sind. Dass die Prägsamkeit des Gehirns sozial integrierten, aufmerksamen, lernbegierigen, verlässlichen Menschen ein über viele Jahre zunehmendes Spektrum an Möglichkeiten eröffnet, macht Mut.

7.3 Ein vergleichender Blick auf den Durchschnitt

Wie unterscheidet sich das heutige Durchschnittsschicksal von dem meiner Icon- Frauen?

Arbeit und Weiterbildung gelten heute bei der Mehrheit der Deutschen noch nicht als wichtige Beschäftigungen für Menschen über 70. Diese Aufgaben werden jüngeren Altersgruppen zugeordnet. Die durch den Wegfall entsprechender Aufgaben gewonnene Zeit wird als *„Freizeit"* betrachtet und überwiegend für Aktivitäten verwendet, denen man auch schon in jüngeren Jahren in der Freizeit nachgegangen ist. Alte Gewohnheiten werden ausgedehnt und intensiviert; Pläne für Neues, die man auf das Alter verschoben hatte, werden selten realisiert. Die zweite Stufe der Berliner Altersstudie / Base II stellt auf dieser Basis fest, dass das *individuelle Freizeitverhalten meist eine hohe biographische Kontinuität aufweise.*

Das hohe Alter (über 80) unterliege dann weiteren Einschränkungen. Es wird als zunehmend *„femininisiert"* (immer höherer Frauenanteil) und *"singularisiert"* beschrieben. Die meisten Aktivitäten alter Menschen werden

allein (64 %) und zu Hause (80 %) ausgeübt. Für das Aus-
ruhen wird mehr Zeit verwendet als für Gespräche oder
Besuche. Neben der Mediennutzung (Fernsehen, Radio)
spielen „ausgiebige Frühstücke", „Spazierengehen" und
„sich der Familie widmen" in der Freizeit Hauptrollen;
Sport oder geselliges Beisammensein gehen in der Frequenz im Alter über 70 stark zurück. Die regelmäßige Inanspruchnahme von Bildungsangeboten bleibt gering. Einen Kurs oder Vortrag nutzten innerhalb der letzten zwölf
Monate von den über 70-jährigen nur 14 %.Quintessenz:
Wer sich dem heute hierzulande bei der Mehrheit üblichen
Verlauf überlässt, könnte im Alter zunehmend vereinzeln,
nichts Neues mehr lernen, sich körperlich, geistig und see-
lisch immer weniger bewegen und schließlich aus Mangel
an Anregung und Überraschung „eintrocknen".

7.4　Individueller Relevanz-Raster als Korrekturhilfe

Eine Einsicht begleitet mich seit Jahrzehnten: wenn ich
mir Neues aneignen möchte, brauche ich Bild und Schrift
als Unterstützung. Alleine mit dem, was mir beliebig prä-
sent beziehungsweise im Gedächtnis jederzeit zugänglich
ist, schaffe ich's nicht.

Ich muss manche Prozesse verlangsamen, in dem ich sie
vom Denken oder Sprechen auf das Schreiben verlagere.

Ich muss das Notierte zugänglich halten, wiederholt lesen und überarbeiten.

Ich destilliere mir aus dem, was mir die Altersforschungs-Lektüre vermittelt hat, einen vereinfachten Relevanz- Raster mit einer überschaubaren Zahl von Aufgaben für die Zukunft. Ich reduziere das zunächst breitere Spektrum auf sechs, und bin mir bewusst, dass ich daraus in noch höherem Alter eher drei machen sollte:

1. *Erkennen, Gebrauch, Erhaltung von Ressourcen*

- Pflege des eigenen Erscheinungsbildes (Haut, Haare, Haltung, Muskeln, Outfit)

- Intensiver Gedankenaustausch mit dem Partner (Diskussion über aktuelle individuelle und gesellschaftliche Entwicklungen)

- Soziale Teilnahme:
  - In der eigenen Generation (Freundinnen; befreundete Ehepaare)
  - Intergenerationelle Wahlverwandtschaften
  - Familie
  - Patenschaften

- Variation der Ziele und Wege für die täglichen Spaziergänge

- Freude am Lesen (Literatur, Wissenschaft, Tagesgeschehen), an Musik, Kunstgenuß

2. Überprüfung der Selbststeuerung

- Worüber habe ich mich zuletzt besonders gefreut, was habe ich mit Vergnügen genossen?

-

- Ist es mir gelungen, meine Freude zu teilen?

- Habe ich genug Zeit auf körperliches und geistiges Training verwendet, und hat es mir Spaß gemacht?

- Habe ich meine Gewohnheiten in irgendeinem Bereich in eine bessere Form gebracht?

- Habe ich Fehlentwicklungen bemerkt und kontrolliert?(Haltung, Gewicht, Vorsorgeuntersuchungen)

- Habe ich Maß gehalten?

- Habe ich an die Big Five gedacht und die Gefahr zunehmender sozialer Dominanz im Alter berücksichtigt? (häufiger Fragen statt Dozieren!)

3. Konstruktive Auseinandersetzung mit der Abnahme von Fähigkeiten

- Hören (regelmäßig Hörtest machen)

- Sehen (Sehstärke prüfen, eventuell Farbtest)

- Gleichgewicht, Haltung, unwillkürliche Bewegungen kontrollieren

- Geschwindigkeit der Wahrnehmung und Decodierung als mögliche Einflussfaktoren bedenken

4. Beachtung des eigenen Zeithorizonts

- „Auf Abruf leben"

- Jährlich den eigenen Standort und die eigenen Ziele überdenken

- Monatliche Mind Maps als zeitliche Zwischengliederung nutzen

5. Spezielle Übungen

- Wackelbrett/Fusskrabbeln (Training der kleinen Fuß- und Beinmuskeln für Gleichgewicht und Mobilität)

- Erinnern, dass Belohnung, Überraschung, Erschließung von Neuland neuroprotektiv wirken können (Dopamin!)

- Umgebung spannender machen, Aktivitäten mit anderen in den eigenen vier Wänden arrangieren (Rattenexperiment zu BDNF!)

6. Selbstwirksamkeitserwartung

- Auch wenn das Hayflick- Limit nicht wie eine Hürde zu überspringen ist: das WIE des eigenen Alterns kann jeder Mensch mitgestalten.

- Mut, Schönheitssinn, Lernen und Liebe helfen, dem Abbau mit Umbau zu begegnen.

8. Ausblick

Als „gewonnene Jahre" werden von vielen Wissenschaftlern heute die Jahre zwischen 75 und 80 betrachtet: Jahre, in denen dank der Fortschritte der Medizin einer zunehmenden Zahl von uns noch ein breites Spektrum an Betätigungsfeldern zur Verfügung steht.

Irgendwann um 80 sind in den meisten Ländern mehr als 50 % eines Jahrgangs tot. 50 % leben weiter – im hohen „vierten" Lebensalter weitgehend befreit von den Erwartungen, die an die rüstigen 70 - 80 jährigen noch gestellt wurden.

Ich erinnere mich an ANNA und OTTO, meine anfangs erwähnten Sinnbilder für die Ähnlichkeiten von Anfang und Ende im menschlichen Leben. Ich reflektiere erneut, dass die Hilfsbedürftigkeit am Ende des Lebens vergleichbare Achtsamkeit verlangt wie die am Anfang.

Heute meine ich: lernen wir

das Geschenk einer zweiten Kindheit

wahrzunehmen und zu nutzen. Halten wir in uns die kindliche Neugier, die Lust an der Bewegung und die Freude an körperlicher Nähe wach. Kosten wir jede Sinnesempfindung aus, die uns auch im hohen Alter noch an der Welt teilhaben läßt. Vergessen wir über der Freude am Natürlichen, Kreatürlichen aber nicht den *zweiten Horizont*, den uns ein langes Leben in der Kultur eröffnet hat: Bücher, Bilder, Plastiken, Musik.

84

QUELLENVERZEICHNIS

Backes-Gellner, Uschi und Veen, Stephan (Hg.) : Altern, Arbeit und Betrieb, Bd. 3 der Akademiengruppe Altern in Deutschland, Nova Acta Leopoldina, NF Band 101, Nr. 365 Wissenschaftliche Verlagsgesellschaft mbH Stuttgart (2009)

Becker, Stefanie : Stabilität und Veränderung psychologischer Aspekte im höheren Erwachsenenalter . Stiftungsgastdozentur an der Universität des 3. Lebensalters, Frankfurt (2007)

Behl, Christian und Moosmann, Bernd: Molekulare Mechanismen des Alterns, in: Staudinger, Ursula M./Häfner, Heinz (Hg.). Was ist Alter(n)? Schriften der mathematisch-naturwissenschaftlichen Klasse der Heidelberger Akademie der Wissenschaften Nr. 18, Springer Verlag Berlin Heidelberg (2008, 9- 32)

Böhm, Karin / Tesch-Römer, Clemens/ Ziese, Thomas (Hg.): Gesundheit und Krankheit im Alter. Robert Koch–Institut Berlin (2009)

Brandtstädter, Jochen und Lindenberger, Ulman (Hg.): Entwicklungspsychologie der Lebensspanne, Kohlhammer Stuttgart (2007)

Börsch-Supan, Axel / Erlinghagen, Marcel / Hank, Karsten / Jürges, Hendrik und Wagner, Gert G. (Hg): Produktivität in alternden Gesellschaften, Bd 4 der Akademiengruppe Altern in Deutschland, Nova Acta Leopoldina, NF Bd 102,Nr 366, Wissenschaftliche Verlagsgesellschaft mbH Stuttgart (2009)

Carstensen, Laura L. und Lang, Frieder R.: Sozioemotionale Selektivität über die Lebensspanne: Grundlagen und empirische Befunde. In: Brandstädter, Jochen und Lindenberger, Ulman (Hg): Entwicklungspsychologie der Lebensspanne. Kohlhammer Stuttgart (2007, 389 – 412)

Deary, I.J./ Batty, D./Pattie, A. /Gale, C.R.: More intelligent, more dependable children live longer. A 55- year longitudinal study of a representative sample of the Scottish nation. Psychological Science 19, 874 – 888 (2008)

Dichgans, Johannes: Jugend ist Stärke und Alter ist Schwäche der Reparaturmechanismen. In: Staudinger, Ursula M. / Häfner, Heinz (Hg.): Was ist Alter(n)? Schriften der Mathematisch-naturwissenschaftlichen Klasse der Heidelberger Akademie der Wissenschaften Nr. 18, Springer Verlag Berlin Heidelberg (2008, 57 – 68)

Erikson, Erik H.: Identität und Lebenszyklus.Suhrkamp Frankfurt (1966, 150/151 und 214/215)

Eschbach-Szabo, Viktoria: 100 Wege um 100 Jahre alt zu werden. Eine Analyse des Sprachgebrauchs zum Thema Altern in Japan und Deutschland. In: Gebauer, Martin/ Isomura, Tamotsu/ Kansaku, Hiroyuki und Nettesheim, Martin (Hg.): Alternde Gesellschaften im Recht. Japanisch-deutsches Symposion in Tübingen vom 3. bis 4. September 2012 , Mohr Siebeck Tübingen (2015, 229 – 242)

Falkenburger, Björn: Neurobiologische Grundlagen des Lernens im Alter. In: Staudinger, Ursula M. und Heidemeier, Heike (Hg.): Altern, Bildung und lebenslanges Lernen, Bd 2 der Akademiengruppe Altern in Deutschland, Nova Acta Leopoldina , NF 100, Nr 364, Wissenschaftliche Verlagsgesellschaft mbH Stuttgart(2009, 133 – 139)

Falkenburger, Björn: Das auf der Spitze stehende Dreieck: Gemein-
samkeiten und Unterschiede zwischen Altern und neurodegenerativen
Erkrankungen. In: Kochsiek, Kurt (Hg.): Altern und Gesundheit, bd 7
der Akademiengruppe Altern in Deutschland, Nova Acta Leopoldina,NF Bd 105, Nr 369, Wissenschaftliche Verlagsgesellschaft mbH
Stuttgart (2009, 67 – 76)

Freund, Alexandra M./ Baltes, Paul B.: Life Management Strategies of
Selection, Optimization and Compensation. Measurement by Self-
Report and Construct Validity. Journal of Personality and Social Psy-
chology, 82, 642 – 666 /2002)

Friedman, Howard S. and Martin, Leslie R.: The Longevity Project.
Hudson Street Press/ Penguin Group (USA) Inc, New York,
USA(2011)

Gärtner, Karla / Grünheid, Evelyn und Luy, Marc (Hg.): Lebensstile,
Lebensphasen, Lebensqualität. Interdisziplinäre Analysen von Gesundheit und Sterblichkeit aus dem Lebenserwartungssurvey des BiB,
Bd 36 der Schriftenreihe des Bundesinstituts für Bevölkerungsfor-
schung, VS Verlag für Sozialwissenschaften Wiesbaden (2005)

Gebauer, Martin/ Isomura, Tamotsu/ Kansaku, Hiroyuki und Nettesheim, Martin (Hg.): Alternde Gesellschaften im Recht. Mohr Siebeck
Tübingen (2015)

Hasselhorn, Marcus/ Titz, Cora/ Behrendt, Jörg: Kognitive und motiva-
tionale Veränderungen im Alter. In: Staudinger, Ursula M. / Heidemeier, Heike (Hg.): Altern, Bildung und lebenslanges Lernen. Bd 2 der
AKademiengruppe Altern in Deutschland, Nova Acta Leopoldina, NF
Bd 100, Nr. 364, Wissenschaftliche Verlagsgesellschaft mbH Stuttgart
(2009, 105-118)

Ho, Anthony D./ Wagner, Wolfgang/ Eckstein, Volker: Was ist Alter? Ein Mensch ist so alt wie seine Stammzellen. In: Staudinger, Ursula M./ Häfner, Heinz (Hg.): Was ist Alter(n)? Schriften der Mathematisch-naturwissenschaftlichen Klasse der Heidelberger Akademie der Wissenschaften, Nr 18, Springer Verlag Berlin Heidelberg (2008, 33 -46)

Kahneman, Daniel: Schnelles Denken, langsames Denken. Siedler Verlag München (2011)

Kempermann, Gerd: Altern ist auch adulte Neurogenese. Neue Nervenzellen für alternde Gehirne. In: Staudinger, Ursula, M / Häfner, Heinz (Hg.): Was ist Alter(n)? Schriften der Mathematisch-naturwissenschaftlichen Klasse der Heidelberger Akademie der Wissenschaften, Nr.18, Springer Verlag Berlin Heidelberg (2008, 47 – 56)

Kirchdörfer, Elfriede und Mahr-Ehrhardt, Angela: Oberbekleidung für Frauen über 60 Jahre. Körperdimensionen, Größenverteilung, Schnittkonstruktion. Bekleidungstechnische Schriftenreihe Bd 156, Eigenverlag der Forschungsgemeinschaft Bekleidungsindustrie e.V. Köln (2003)

Köcher, Renate und Bruttel, Oliver: Generali Altersstudie 2013, Fischer Taschenbuch Verlag Frankfurt Main (2012)

König, H.H. und Riedel-Heller, J.: Prävention aus dem Blickwinkel der Gesundheitsökonomie. Internist 49, 146 – 153 (2008)

Knecht, S./ Breitenstein,C./ Buskuven, S./ Walke, S./ Kamping, S./ Floel, A./ Zwitserlood, P. / Ringelstein, E.B.: Levodopa: Faster and Better Word Learning in Normal Humans. Annales of Neurology 56, 20 -26 (2004)

88

Kochsiek, Kurt (Hg.): Altern und Gesundheit, Bd 7 der Akademien-gruppe Altern in Deutschland, Nova Acta Leopoldina, NF Bd 105, Nr 369, Wissenschaftliche Verlagsgesellschaft mbH Stuttgart (2009)

Kochsiek, Kurt und Gieselmann, Gisela: Tagungsprotokoll zur Tagung „Körper, Geist, Gesundheit, Hirn". In: Kochsiek, Kurt (Hg.): Altern und Gesundheit, Bd 7 der Akademiengruppe Altern in Deutschland, Nova Acta Leopoldina, NF Bd 105, Nr 369, Wissenschaftliche Verlagsge-sellschaft mbh Stuttgart, (2009, 15 – 51)

Kochsiek, Kurt (Hg.): Altern und Gesundheit. Bd 7 der Akademien-gruppe Altern in Deutschland, Nova Acta Leopoldina, NF Bd 105, Nr 369, Wissenschaftliche Verlagsgesellschaft mbH Stuttgart (2009)

Kocka, Jürgen und Staudinger, Ursula M. (Hg.): Gewonnene Jahre. Empfehlungen der Akademiengruppe Altern in Deutschland, Bd 9, Nova Acta Leopoldina, NF Bd 107, Nr 371, Wissenschaftliche Ver-lagsgesellschaft mbH Stuttgart (2009)

Lang, Frieder R./ Baltes, Paul E./ Wagner, Gert G.: Desired Lifetime and End-of-Life Desires Across Adulthood From 20 – 90: A Dual Source Information Model. Journal of Gerontology: Psychological Science 62B, 268 - 276 , (2007)

Lange, Wolfgang, Prof. Dr.-Ing. / Windel, Armin, Prof. Dr. rer. nat. (Hg.): Kleine ergonomische Datensammlung. TÜV Media. Bundesan-stalt für Arbeitsschutz und Arbeitsmedizin, 13. aktualisierte Auflage, abgerufen über www.tuev-media, o3.o1.17, 14.58h

Levy, Becca R./ Slade, Martin D./ Kunkel, Susanne R./ Kasl, Stanislav V.: Longevity increased by positive self- perceptions of aging, in: Journal of Personality and Social Psychology , Bd 83 (2002), 261 ff

Lindenberger, Ulman/ Smith, Jacqui/ Mayer, Karl Ulrich und Baltes, Paul: Die Berliner Altersstudie, 3. erweiterte Auflage, Akademie Verlag Berlin (2010)

Milner, B. / Squire, L.R. / Kandel, E. R.: Cognitive Neuroscience and the Study of Memory, Neuron 20, 445 – 468 (1998)

Mischel, Walter: Der Marshmallow-Effekt. Wie Willensstärke unsere Persönlichkeit prägt. Pantheon (2016)

RKI Robert Koch-Institut (Hg.): Gesundheit in Deutschland Die wichtigsten Entwicklungen der Gesundheitsberichterstattung des Bundes. Gemeinsam getragen vom Robert Koch-Institut und Destatis. RKI Berlin (2016)

Sibi: Für ältere Leute wird die Autoversicherung richtig teuer. In: Frankfurter Allgemeine Zeitung, Finanzen, 03. November 2015, Nr. 255

Spitzer, Manfred: Digitale Demenz. Droemer Knaur (2012)

Staudinger, Ursula M.: Das Alter(n). Gestalterische Verantwortung für den Einzelnen und die Gesellschaft. Beilage „Aus Politik und Zeitgeschichte" zur Wochenzeitung Das Parlament, 12. Mai 2003, 35 - 42

Staudinger, Ursula M. (2007): Zukunft des Alter(n)s .In: Von der Leyen, Ursula (Hg.): Füreinander dasein. Miteinander handeln. Warum die Generationen sich gegenseitig brauchen. Herder Stuttgart (2007, 69 – 87)

Staudinger, Ursula M. und Häfner, Heinz (Hg.): Was ist Alter(n)? Schriftender Mathemathisch - naturwissenschaftlichen Klasse der Heidelberger Akademie der Wissenschaften N. 18, Springer Verlag Berlin Heidelberg (2008)

Staudinger, Ursula M.: Was ist das Alter(n) der Persönlichkeit? Eine Antwort aus verhaltens-wissenschaftlicher Sicht. In: Staudinger, Ursula M. / Häfner, Heinz (Hg.): Was ist Alter(n)? Schriften der Mathematisch-naturwissenschaftlichen Klasse der Heidelberger Akademie der Wissenschaften Nr. 18, Springer Verlag Berlin Heidelberg (2008, 83 – 94)

Staudinger, Ursula M. und Heidemeier, Heike (Hg.): Altern, Bildung und lebenslanges Lernen. Bd 2 der Akademiengruppe Altern in Deutschland, Nova Acta Leopoldina, NF Bd 100, Nr 364, Wissenschaftliche Verlagsgesellschaft mbH Stuttgart (2009)

Voelcker-Rehage, Claudia: Vorbedingungen von Bildung: Körper und Geist. In: Staudinger, Ursula M. und Heidemeier, Heike (Hg.): Altern, Bildung und lebenslanges Lernen. Bd 2 der Akademiengruppe Altern in Deutschland, Nova Acta Leopoldina, NF Bd 100, Nr 364, Wissenschaftliche Verlagsgesellschaft mbH Stuttgart (2009, 119 – 131)

Wettstein, Albert: Mythen und Fakten zum Alter. Verbreitete Meinungen und wissenschaftliche Tatsachen zu gerontologischen Inhalten in den Disziplinen Soziologie, Sozialgeographie, Pflege, Psychologie, Psychiatrie, Medizin, Pharmakologie,

Gesundheitsökonomie, Ethik und Thanatologie. Zürcher Schriften zur Gerontologie, Universität Zürich, Zentrum für Gerontologie (2005 – 2009)

Wick, Georg: Altern des Immunsystems. In: Kochsiek, Kurt (Hg.): Altern und Gesundheit. Bd 7 der Akademiengruppe Altern in Deutschland, Nova ActaLeopoldina NF Bd 105, Nr. 369, Wissenschaftliche Verlagsgesellschaft mbH Stuttgart (2009, 61 – 66)

www.aphorismen.de: Aphorismen, Zitate, Sprüche und Gedichte: 7 Aphorismen und 16 Gedichte des Autors Ludwig Heinrich Christoph Hölty, „Lebenspflichten", abgerufen am 25.11.16

www.internisten-im-netz.de: Der Körper im Alter. (Abruf vom 25.08.2010)

www.wortschatz.uni-leipzig.de: Relationen des Wortes „alt" zu anderen Worten, Abruf vom 15.11.16 , 17.40h

Wichtige Längsschnittstudien

SOEP (Sozioökonomisches Panel der BRD): Repräsentative Wieder-holungsbefragung; 12.000 Privathaushalte in Deutschland (über 20.000 Probanden); jährlich; seit 1984; mit diversen Refreshments; inkl. Ausländer

HRS (Health & Retirement Study, US) :"The University of Michigan Health and Retirement Study is a longitudinal panel study that surveys a representative sample of approximately 20.000 people in America, supported by the National Institute of Aging (NIA) and the Social Security Administration"; ab 1992

BHPS (British Household Panel Study); ab 1991, zuerst verantwortet vom Institute for Social and Economic Research of the University of Essex, mit 10.300 Probanden gestreut über Great Britain; 2008 wurde die BHPS integriert in die UKHLS, die inzwischen umbenannt wurde in Understanding Society

Zeitfracht Medien GmbH
Ferdinand-Jühlke-Straße 7
99095 Erfurt, Deutschland
produktsicherheit@kolibri360.de